Hannes Moser

Strategisches Projektmanagement im Gesundheitswesen

Wie Stakeholder auf ein Sensitivitätsmodell einwirken – eine Analyse

disserta Verlag

Moser, Hannes: Strategisches Projektmanagement im Gesundheitswesen: Wie Stakeholder auf ein Sensitivitätsmodell einwirken – eine Analyse, disserta Verlag, 2013

ISBN: 978-3-95425-122-3
Druck: disserta Verlag, Hamburg, 2013
Covermotiv: © carlosgardel – Fotolia.com

Bibliografische Information der Deutschen Nationalbibliothek:
Die Deutsche Nationalbibliothek verzeichnet diese Publikation in der Deutschen Nationalbibliografie; detaillierte bibliografische Daten sind im Internet über http://dnb.d-nb.de abrufbar.

Die digitale Ausgabe (eBook-Ausgabe) dieses Titels trägt die ISBN 978-3-95425-123-0 und kann über den Handel oder den Verlag bezogen werden.

Dieses Werk ist urheberrechtlich geschützt. Die dadurch begründeten Rechte, insbesondere die der Übersetzung, des Nachdrucks, des Vortrags, der Entnahme von Abbildungen und Tabellen, der Funksendung, der Mikroverfilmung oder der Vervielfältigung auf anderen Wegen und der Speicherung in Datenverarbeitungsanlagen, bleiben, auch bei nur auszugsweiser Verwertung, vorbehalten. Eine Vervielfältigung dieses Werkes oder von Teilen dieses Werkes ist auch im Einzelfall nur in den Grenzen der gesetzlichen Bestimmungen des Urheberrechtsgesetzes der Bundesrepublik Deutschland in der jeweils geltenden Fassung zulässig. Sie ist grundsätzlich vergütungspflichtig. Zuwiderhandlungen unterliegen den Strafbestimmungen des Urheberrechtes.

Die Wiedergabe von Gebrauchsnamen, Handelsnamen, Warenbezeichnungen usw. in diesem Werk berechtigt auch ohne besondere Kennzeichnung nicht zu der Annahme, dass solche Namen im Sinne der Warenzeichen- und Markenschutz-Gesetzgebung als frei zu betrachten wären und daher von jedermann benutzt werden dürften.

Die Informationen in diesem Werk wurden mit Sorgfalt erarbeitet. Dennoch können Fehler nicht vollständig ausgeschlossen werden und der Verlag, die Autoren oder Übersetzer übernehmen keine juristische Verantwortung oder irgendeine Haftung für evtl. verbliebene fehlerhafte Angaben und deren Folgen.

© disserta Verlag, ein Imprint der Diplomica Verlag GmbH
http://www.disserta-verlag.de, Hamburg 2013
Hergestellt in Deutschland

VORWORT

Ausgangspunkt dieser Arbeit war ein IT-Projekt an der TILAK GmbH. in Innsbruck, dessen Ziel es war, eine OP-Managementsoftware flächendeckend in allen operierenden Fachbereichen einzuführen. Die im Zuge des Projektmanagements auftretenden Besonderheiten für den Gesundheitsbereich stellen für jedes Projekt eine große Herausforderung und nicht zu unterschätzende Faktoren da; deshalb war es Ziel dieser Arbeit, ebendiese Punkte herauszuarbeiten und einer genauen Analyse zu unterziehen, um Leitfäden für ähnliche Projekte im Gesundheitsbereich zu geben.

Für die Unterstützung und Betreuung seitens der Universität Innsbruck – Institut für Wertprozessmanagement, Abteilung Wirtschaftsinformatik – möchte ich mich bei Herrn **O.Univ.-Prof. Dr. Friedrich Roithmayr** und Frau **Univ. Ass. Mag. Barbara Weber** für die über fachliche und sachliche Aspekte hinausgehende Unterstützung besonders bedanken.

Besonderer Dank gebührt auch Herrn. **Dr. Georg Lechleitner** (Abteilungsvorstand Informationsmanagement der TILAK) für die Möglichkeit, diese Studie im Rahmen eines Praxisprojektes zu verfassen und seine wertvollen Hinweise.

Weiters bedanken für Tipps und Hilfestellungen möchte ich mich bei **O.Univ.-Prof. DI Dr. Karl Peter Pfeiffer** (Vorstand des Institutes für Biostatistik und Dokumentation der Univ. Innsbruck) und **Ing. Dr. Armin Mauracher** (Vorstandsmanager der Universitätsklinik für Frauenheilkunde), sowie allen weiteren Personen, die aktiv zum Gelingen dieser Arbeit beigetragen haben!

Für Petra

INHALTSVERZEICHNIS

1. Wissenschaftlicher Hintergrund 13
    1.1. Definition des zu untersuchenden Problems 13
    1.2. Geplante Vorgehensweise zur Lösung des Problems 13
    1.3. zu erwartendes Ergebnis 16
2. Einleitung 18
3. Begriffsdefinitionen 20
    3.1. Strategisches Management 20
        3.1.1. Begriffsdefinition 20
        3.1.2. Herausforderungen im Strategischen Management 20
    3.2. Projektmanagement 22
        3.2.1. Softwarelebenszyklus 22
        3.2.2. Phasenkonzept 24
4. Sensitivitätsanalyse 25
    4.1. Technologiemanagement und Fortschritt 25
    4.2. Die Methode des Vernetzten Denkens 26
        4.2.1. Definition eines Systems 26
        4.2.2. Gesamtheitlich-ganzheitlich 28
        4.2.3. Die Notwendigkeit vernetzten Denkens 28
    4.3. Die Sensitivitätsanalyse 29
        4.3.1. Durch die Sensitivitätsanalyse zum Sensitivitätsmodell 31
        4.3.2. Ein Beispiel 31
        4.3.3. Zusammenfassung 35
    4.4. Entwicklung des Systemansatzes von Vester 36
        4.4.1. Komplexität 36
        4.4.2. Verschiedene Systemansätze 37
        4.4.3. Der System-Ansatz von Frederic Vester 38
    4.5. Implikationen für das weitere Vorgehen 40
5. Das Sensitivitätsmodell „IT-Projekt management im Gesundheitsbereich" ... 42
6. Medizinische Informatik 49
    6.1. Begriffsdefinitionen 49
        6.1.1. Definition „medizinische Informatik" 49

	6.1.2. Interdisziplinarität	50
	6.1.3. Anwendungsorientierung	50
6.2.	derzeitiger Stand der medizinischen Informatik	51
6.3.	Sensitivitätsanalyse – medizinische Informatik	52
7.	Institutionen des Gesundheitswesens	54
7.1.	Prinzipien der Gesundheitsversorgung	54
7.2.	Grundzüge der LKF in Österreich	55
	7.2.1. Einleitung	55
	7.2.2. Die Fallpauschalen	55
7.3.	Medizinische Informatik im Gesundheitswesen	58
	7.3.1. Einsatz von Informationstechnologie	58
	7.3.2. Medizinische Anwendungssysteme	58
	7.3.3. Patientenkarten	59
	7.3.4. Infrastruktur	59
	7.3.5. Perspektiven	59
7.4.	Sensitivitätsanalyse – Institutionen des Gesundheitswesens	60
8.	Medizinische Dokumentation	62
8.1.	Grundlagen medizinischer Dokumentation	62
8.2.	Medien der medizinische Dokumentation	64
	8.2.1. Konventionelle Patientenakte	65
	8.2.2. Elektronische Patientenakte	65
	8.2.3. Aktenarchiv	66
8.3.	Medizinische Dokumentation im Routinebetrieb	66
	8.3.1. Klinische Basisdokumentation	66
	8.3.2. weitere klinische Dokumentationen.	67
	8.3.3. Nutzungspotentiale der klinischen Basisdokumentation	69
8.4.	Medizinische Begriffsordnungen	70
8.5.	Medizinische Ordnungssysteme und deren Anwendung	71
8.6.	Sensitivitätsanalyse – medizinische Dokumentation	73
9.	Entscheidungsunterstützende Systeme und wissenbasierte Methoden in der Medizin	75
9.1.	Begriffsbestimmung und Abgrenzung	75
	9.1.1. Entscheidungen in der Medizin	75
	9.1.2. Wissen in der Medizin	76
	9.1.3. Kategorisierung entscheidungsunterstützender Ansätze	77

9.1.4. Definition: Klinisches Entscheidungsunterstützungssystem 78
9.2. Integrationsaspekte 78
9.3. Rechnergestützte Wissensverarbeitung 79
    9.3.1. Künstliche Intelligenz und KI-Ansätze 79
    9.3.2. Symbolische Wissensrepräsentation 80
9.4. Sensitivitätsanalyse – Entscheidungsunterstützung 82

10. Krankenhausinformationssysteme 84
    10.1. Grundlegende Begriffe und Definitionen 85
        10.1.1. Krankenhausinformationssystem 85
        10.1.2. Nutzer von Krankenhausinformationssystemen 88
        10.1.3. Güte von Krankenhausinformationssystemen 89
        10.1.4. Erstellung von Krankenhausinformationssystemen 92
        10.1.5. Zusammenfassung 93
    10.2. Aufgaben eines Krankenhauses 93
        10.2.1. Primäre Aufgaben 93
        10.2.2. Unterstützende Aufgaben 95
    10.3. Management von Krankenhausinformationssystemen 97
        10.3.1. Begriffsbestimmung 97
        10.3.2. Strategisches KIS-Management 99
        10.3.3. Taktisches KIS-Management 103
        10.3.4. Operatives KIS-Management 108
    10.4. Sensitivitätsanalyse – Krankenhausinformationssysteme 108

11. Patientenintegration in medizinische Informationskreisläufe 110
    11.1. Stellung des Patienten im Gesundheitswesen und in der Medizin 110
    11.2. Patientenkarten und Professional Cards 112
    11.3. Patienteninformierung 114
        11.3.1. Allgemeines 114
        11.3.2. Ursachen mangelnder Patienteninformierung 115
        11.3.3. Multimediale computerunterstützte Realisierung 116
    11.4. Sensitivitätsanalyse – Patientenintegration 119

12. Telematik im Gesundheitswesen 120
    12.1. Grundlegende Begriffe und Definitionen 121
    12.2. Telematik im österreichischen Gesundheitswesen 123
    12.3. Telematik für das Gesundheitsmanagement 127

12.3.1.	Patientenorientierte Versorgungsprozesse	129
12.3.2.	Qualitätsmanagement	130
12.4.	Sensitivitätsanalyse – Telematik	131

13. Medizinisches Qualitätsmanagement ... 133

13.1.	Grundlagen des Qualitätsmanagements	134
13.2.	Beiträge zum medizinischen Qualitätsmanagement	137
13.3.	Modelle für das Qualitätsmanagement	140
13.3.1.	DIN EN ISO 9000ff	141
13.3.2.	EFQM-Modell	143
13.4.	Medizinische Informatik und Qualitätsmanagement	145
13.5.	Informationsbereitstellung und Kommunikation im Krankenhaus	146
13.5.1.	Interne Elemente	148
13.5.2.	Externe Elemente	150
13.6.	Werkzeuge zur Datenerhebung	151
13.6.1.	Papierfragebögen	151
13.6.2.	Fragebögen mit IT-Unterstützung	152
13.6.3.	Anforderungen an Online-Werkzeuge	153
13.7.	Nicht-technische Voraussetzungen des Qualitätsmanagements	156
13.8.	Sensitivitätsanalyse – Qualitätsmanagement	159

ABBILDUNGS- UND TABELLENVERZEICHNIS ... 161

LITERATURVERZEICHNIS ... 163

1. WISSENSCHAFTLICHER HINTERGRUND

1.1. Definition des zu untersuchenden Problems

Der Operationsbetrieb stellt im klinischen Bereich einen erheblichen Kostenfaktor dar; ca. 15% der Gesamtkosten der Univ. Klinik Innsbruck entstehen bei der Planung, Durchführung und im Umfeld des Operationsbereiches. Im Jahr 2001 wurden in 58 Operationssälen 40044 Operationen durchgeführt [HaLe02]. Dabei fielen für den OP-Bereich Gesamtkosten in der Höhe von 60,28 Mio. Euro an [HeMe03].

Daher besteht seitens der Administration der Wunsch, einerseits kosteneinsparende und andererseits effizienzsteigernde Vorteile zu realisieren, ohne dabei die Qualität der medizinischen Leistung zu beeinträchtigen bzw. diese noch zu effektivieren.

Neben der tatsächlichen Aufgabenstellung, nämlich der Einführung einer integrierten Softwarelösung für den Operationsbereich, sollen in dieser wissenschaftlichen Arbeit ganz gezielt die während des Projektmanagements und der Implementierung auftretenden Besonderheiten aufgezeigt, hinterfragt, mitberücksichtigt und letztendlich auf die spezielle Situation des Gesundheitsbereiches gesehen, implementiert werden.

Alle herausgearbeiteten und für den medizinischen Sektor relevanten Bereiche des strategischen Projektmanagements werden genau beschrieben und analysiert; und um die Zusammenhänge der einzelnen Bereiche untereinander sowie deren Interaktion zu erkennen, wird eine Sensitivitätsanalyse durchgeführt. Ebenso soll für die auftretenden Probleme des Projektmanagements – soweit möglich – ein Lösungsansatz geboten werden.

1.2. Geplante Vorgehensweise zur Lösung des Problems

Als genereller Leitfaden für das gesamte Projekt dient das Phasenschema nach Haux [HaLa98] (eine Vorstellung erfolgt in Kap. 10.3.3). Ähnliche Modelle finden sich beispielsweise bei Heinrich [Hein96] oder Heilmann [Heil00] (vorgestellt in Kap. 3.2). Die Implementierung des Projektes erfolgt nach dem erstgenannten Schema. Der Aufbau dieser wissenschaftlichen Arbeit orientiert sich nur grob an der beschriebenen Vorgehensweise, das Kapitel strategisches Projektmanagement soll nur überblicksweise behandelt werden.

Die Arbeit soll vielmehr zwei Hauptthemen umfassen:

- Die **Sensitivitätsanalyse (SA)** soll die Zusammenhänge die für ein IT-Projekt im Gesundheitswesen zu untersuchenden Bereiche aufzeigen. Es soll deren Verflechtung untereinander sowie deren Interaktion mit Stakeholdern im Gesundheitsbereich dargestellt und analysiert werden. Die im Laufe einer Projektdurchführung auftretenden Besonderheiten, die nur im Gesundheitsbereich relevant sind, bzw. sich im Gesundheitsbereich von anderen Bereichen (z.B. Industrie) unterscheiden; sollen genau hinterfragt und untersucht werden um der besonderen Sensitivität des Gesundheitswesens Rechnung zu tragen. Neben einer allgemeinen Definition des Begriffs in Kapitel 0, sowie der Vorstellung des erarbeiteten Modells in Kapitel 5 wird im Anschluss an jedes Kapitel; in denen Elemente des Projektmanagements untersucht werden; nochmals erläutert, warum gerade dieser Bereich in der SA Beachtung gefunden hat und wie die Ergebnisse des Modells zu interpretieren sind.

- **Elemente des IT-Projektmanagements**, sowie deren spezielle Ausprägung im Gesundheitsbereich sollen vorgestellt, einer Analyse unterzogen und ihre Stellung innerhalb des Sensitivitätsmodells geklärt werden.

Der erste Teil setzt sich neben theoretischen Konzepten in verschiedenen Bereichen, die sich aus der oben beschriebenen Definition des zu untersuchenden Problems ergeben (Kapitel 3, 4 und 6).auch mit dem im Rahmen dieser Arbeit entwickelten Sensitivitätsmodell (Kapitel 5) und den Rahmenbedingungen der Institutionen des Gesundheitswesens (Kapitel 7) auseinander.

Im zweiten Teil (Kapitel 8 bis 0) werden typische Bereiche, die im IT-Projektmanagement im Gesundheitswesen auftreten, behandelt. Ebenso werden verschiedene Konzepte vorgestellt, die für das strategische Projektmanagement relevant sind und zur Problemlösung herangezogen werden können.

Im Anhang wird exemplarisch die im Laufe des Projektes durchgeführte Modellierung des Bereiches der OP-Organisation (analog der in Kapitel 0 vorgestellten UML) dargestellt.

Die Kapitel sind wie folgt eingeteilt:
- **Kapitel 2** stellt eine einleitende Betrachtung zum Thema „*Kosten im Gesundheitswesen*" dar. Der steigende Kostendruck, der mittlerweile auch im Gesundheitswesen sehr stark spürbar ist, ist bekanntermaßen einer der Hauptgründe für ein effizientes Pro-

jektmanagement einerseits und dem verstärkten Einsatz von Informationsmanagement andererseits.

- Das **Kapitel 3** beschäftigt sich mit theoretischen Konzepten zum *strategischen Projektmanagement* in der Wirtschaftsinformatik. Es soll ein Überblick über die Aufgaben des strategischen Projektmanagement gegeben werden, ebenso ein grober Überblick die Gründe, warum ein effizientes, ganzheitliches Projektmanagement gerade im Gesundheitsbereich unabdingbar ist. Ergänzt durch Verweise auf die Literatur wird dieses Kapitel so kurz als möglich gehalten, da Abhandlungen zum Thema Projektmanagement auf der einen Seite zahlreich existieren und auf der anderen Seite das nicht das Hauptthema dieser wissenschaftlichen Arbeit sein soll.

- Im **Kapitel 4** wird auf die *Sensitivitätsanalyse* eingegangen; neben theoretischen Konzepten (Technologiemanagement, Vernetztes Denken, Systemansatz von Vester, …) wird anhand eines praktischen Beispiels die Erstellung einer Sensitivitätsanalyse nach Vester beschrieben.

- Die in Kapitel 4 dargestellte Methode wird dann in **Kapitel 5** dazu verwendet, das *Sensitivitätsmodell* „IT-Projektmanagement im Gesundheitsbereich" zu konstruieren.

- **Kapitel 6** befasst sich mit *medizinischer Informatik* allgemein; mit Begriffsdefinitionen, der Entstehung der und dem derzeitigen Stand der verschiedenen Bereiche der medizinischen Informatik.

- Das **Kapitel 7** beleuchtet grob die *Institutionen des Gesundheitswesens* und deren Verflechtung mit der medizinischen Informatik.

- Im **Kapitel 8** geht es um *medizinische Dokumentation* und deren Ziele, Arten, Qualität und Medien. Weiters wird die medizinische Dokumentation im Routinebetrieb beleuchtet und analysiert.

- Das **Kapitel 9** geht auf die Problematik von *Wissensbasierten Systemen und Entscheidungsunterstützung* in der Medizin. Es wird erläutert, wie die Integration in ein Informationssystem erfolgen und wie rechnerunterstützte Wissensverarbeitung in der Medizin umgesetzt werden kann.

- **Kapitel 10** behandelt das Thema *Krankenhausinformationssysteme*, deren Aufgabe, deren Modellierung und die Möglichkeit Krankenhausinformationssysteme zu managen.

- Im **Kapitel 11** werden Möglichkeiten gesucht, den *Patienten in medizinische Informationskreisläufe zu integrieren* bzw. Ansätze aufgezeigt, die Patienteninformierung mit IT zu unterstützen.

- Die *Telematik im Gesundheitswesen*, deren Rahmenbedingungen und deren Ausprägungen werden im **Kapitel 12** beleuchtet.

- Im **Kapitel 13** wird eines der Hauptziele der Arbeit, nämlich das *Qualitätsmanagement* analysiert. Neben den Grundlagen werden Modelle des medizinischen Qualitätsmanagements beschrieben, sowie die Möglichkeit einer Integration in die medizinische Informatik und der dafür benötigten Werkzeuge aufgezeigt.

1.3. Zu erwartendes Ergebnis

Durch die Beschreibung der „sensitiven Bereiche" für ein IT-Projektmanagement im Gesundheitsbereich soll für zukünftige Projekte eine ganze Reihe von Verbesserungen, sowohl aus medizinischer, kostenrechnerischer, administrativer als auch patientenorientierter Sichtweise realisiert werden können.

Wie und ob diese im gewünschten Ausmaß realisiert werden können, hängt nicht zuletzt aufgrund der Sensitivität des Gesundheitswesens auch von den aufgeworfenen und untersuchten Besonderheiten eben dieses Bereiches ab.

Ob es nun beispielsweise der Fortschritt in der Informationstechnologie, die duale Sichtweise (medizinische und administrative Sicht), die besonderen Datenschutzbestimmungen und andere gesetzliche Vorgaben oder der Patient sind, die ebendiese Besonderheiten des Projektmanagements in diesem Bereich ausmacht; diese Punkte sollen untersucht werden und das Gerüst für diese Arbeit bilden.

Ob durch die objektorientierte Sichtweise des Projektes Frameworks (Lösungsmuster) geschaffen werden können, die sich generell für andere Projekte in diesem Bereich anwenden lassen, oder ob die Geschäftsprozesse und Benutzerwünsche im geplanten Ausmaß in die Implementierung miteinfließen können, wird die Untersuchung ebenso zeigen wie die besondere Stellung und Situation des Informationsmanagements (IM) bzw. des IM-Projektmanagements im Gesundheitswesen.

Die Arbeit soll dann als Orientierungshilfe für ähnliche Projekte in diesem Bereich dienen, bzw. die Besonderheiten der Medizininformatik aufzeigen, da es im deutschsprachigen Raum dazu kaum Literatur gibt.

2. EINLEITUNG

Der Kostendruck im Gesundheitswesen. Nicht nur auf nationaler, sondern auch auf internationaler Ebene steigt; angesichts immer weiter steigender Kosten im Gesundheitswesen; der Druck auf die Einrichtungen des Gesundheitswesens, um die Patientenversorgung effizienter zu gestalten.

So wie in anderen Branchen auch, hat man in den Krankenhäusern erkannt, dass die Verarbeitung, Übermittlung und Speicherung von Informationen einerseits sehr hohe Kosten verursacht, andererseits aber auch ein großes Potential zur Optimierung von Abläufen birgt, d.h. bei der Patientenversorgung, bei Personalmanagement und gegebenenfalls auch bei Forschung und Lehre im Krankenhaus.

„Kein Land Europas leistet sich ein teureres Gesundheitssystem als Österreich, fast 11 Prozent des BIP werden dafür aufgewendet – 1999 waren es knapp 21,8 Mrd. Euro, und die Kosten steigen immer noch weiter. Wir haben – bezogen auf die Bevölkerungszahl – die meisten Spitalsbetten, die häufigsten Einweisungen in Spitäler und mehr teure Untersuchungsgeräte, Magnetfeldresonanzanlagen oder Computertomographen." [Brau02] Brauner, Gesundheits- und Sozialreferent der Industriellenvereinigung sieht eine Verschwendung von Geldmitteln: „Unser System ist zu spitalslastig. Die teuerste Form der Medizin kommt überproportional zum Einsatz. Aber es gibt starke Widerstände etwas zu ändern."

„Die Wahrscheinlichkeit bei einem Linienflug zu sterben, liegt bei eins zu 3 Millionen. Das Risiko, dass man durch einen Behandlungsfehler im Spital stirbt, ist eins zu 400. Trotz strengster Hygienevorschriften infizieren sich 10 bis 15 Prozent der Patienten im Spital selbst" sagt Univ.-Prof. Christian Köck [Köck02] Er meint weiters, dass steigende Kosten ab einem bestimmten Punkt keinen zusätzlichen Nutzen bringen würden. Durch die immer weiter steigenden Kosten wird ein wesentlicher Teil des Geldes für überflüssige Leistungen ausgegeben, die dem Patienten nicht bringen, aber sehr teuer sind. Dazu kommt noch die Verschwendung durch Doppeluntersuchungen oder Informationsverluste (z.B. zwischen Hausarzt und Krankenhaus, aber auch innerhalb einzelner Organisationseinheiten innerhalb des Krankenhauses). Es fehle an Qualitätskontrolle und Wettbewerb.

Auch Dr. Heinrich Brauner sieht das so [Brau02]: „Die Verluste durch Doppelgleisigkeiten und mangelnde Informationsweitergabe machen 10 bis 15 Prozent der Gesamtkosten im

Gesundheitssystem aus. Könnte man nur die Hälfte davon einsparen, wären die Krankenkassen saniert."

2002 waren erstmals alle neuen Gebietskrankenkassen defizitär. Dass die Kosten mit der Gesundheit der Bevölkerung wenig zu tun haben, zeigen Vergleiche. In Österreich gibt es um 20 Prozent mehr Spitalseinweisungen als in Deutschland, und um 140 Prozent mehr als in den Niederlanden. Aber auch innerhalb Österreichs selbst sind die Unterschiede verblüffend. In Kärnten sind die stationären Kosten je Einwohner fast doppelt so hoch wie im Burgenland und 60 Prozent höher als in Niederösterreich. Die Antwort dafür könnte sein, dass es in Kärnten sie meisten Akutbetten je 1000 Einwohner gibt. Die Kosten dafür tragen die Krankenkassen bis zu einer Höchstgrenze, darüber hinaus zahlt der Spitalserhalter; also der Steuerzahler [Weid02].

Aus diesen Ausführungen kann man erkennen, dass sehr wohl Kosteneinsparungspotentiale im Gesundheitswesen vorhanden sind, aber aufgrund der speziellen Situation nur mit einer gewissen „Sensitivität[1]" an die Sache herangegangen werden kann. Erfolgreiche IT-Projekte im Gesundheitswesen kann man nur umsetzen, wenn man die Situation in diesem Sektor kennt und auch schon ganzheitlich in IT-Projekten beachtet, da sich aufgrund der Situation für die Beteiligten im Krankenhaus oftmals die Frage stellt, warum in der gespannten finanziellen Lage noch die Kosten (und Mühen) eines IT-Projektes in Kauf genommen werden sollen.

---

[1] Eine Definition des Begriffes erfolgt in Kapitel 4.

3. BEGRIFFSDEFINITIONEN

3.1. Strategisches Management

3.1.1. Begriffsdefinition

„Strategisches Management soll als Ausdruck einer evolutionären Führungskonzeption Unternehmen in ihrer Höherentwicklung vorantreiben" [Kirs97].

Krüger definiert: „Strategisch sind alle Fragen und Probleme, die nachhaltig die Erfolgsposition und Erfolgspotenziale der Unternehmung berühren" [Krüg00].

Der Strategiebegriff stammt aus dem Griechischen (stratos = Heer, agos = Führer) und bezeichnet die Kunst der Heeresführung. Carl von Clausewitz zieht als Erster Parallelen zwischen Militär und Wirtschaft. In den 40er Jahren des 20. Jahrhunderts führen von Neumann und Morgenstern den Strategiebegriff aus einem mathematisch-spieltheoretischen Kontext in die Wirtschaftstheorie ein [Kirs97].

Strategisches Management als eigenständige wissenschaftliche Disziplin hat sich erst später entwickelt. Begriffe wie Business Policy, Long Range Planning und Strategische Planung kann man als Vorgänger des Strategischen Managements bezeichnen. Budgetierung, Langfristige Planung, Unternehmensstrategien stehen somit für Ansätze des strategischen Managements, im Rahmen derer immer wieder neue Methoden der Unternehmensplanung entwickelt werden.

3.1.2. Herausforderungen im Strategischen Management

Obwohl die Prognose der Zukunft für jedes Unternehmen mitunter ein Problem darstellt, müssen immer wieder Aussagen darüber getroffen werden, welche Veränderungen im Umfeld zu erwarten sind und wie mit diesen Veränderungen im Sinne des Geschäftserfolges umzugehen sei. Zentrale Herausforderungen ergeben sich hier durch die Vielfalt von Ereignissen, deren Mehrdeutigkeit sowie die Schwierigkeit, komplexe Probleme in überschaubare Einheiten zu zerlegen (für eine schematische Darstellung siehe Abbildung 1) [Kirs97].

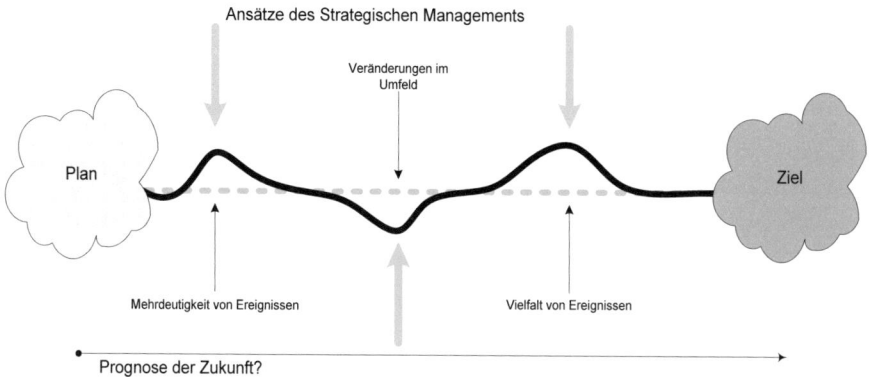

Abbildung 1: „Herausforderungen im Strategischen Management" [Kirs97]

Im Umgang mit diesen immer wiederkehrenden Herausforderungen sind strategische Managemententscheidungen in der Regel dadurch gekennzeichnet, dass sie längerfristige Ziele ins Auge fassen, die durch mittel- und kurzfristige Ansätze und Methoden realisiert werden sollen. Hier kommt der Strategieverwirklichung eine zentrale Bedeutung zu. Denn nur wenn aus Strategien Handeln wird tritt der angepeilte Geschäftserfolg ein [Anwa02].

Strategische Planung beinhaltet im Wesentlichen die Schritte Umweltanalyse, Unternehmensanalyse, strategische Optionen, strategische Wahl und strategische Programme. Nicht mehr Gegenstand der strategischen Planung ist der Prozess der Strategieverwirklichung. Dieser ist jedoch für den Erfolg jeder strategischen Planung von entscheidender Bedeutung. Strategisches Management beinhaltet also im Wesentlichen die Ausdehnung strategischer Aktivitäten über den reinen Planungsprozess hinaus.

Ziel des **Strategischen Managements** ist es, die strategische Orientierung des Unternehmens im Tagesgeschäft nachhaltig zu verankern, damit – wie bereits erwähnt – aus Strategien Handeln wird [Anwa02].

Das traditionelle Strategische Management ist noch durch die **strategische Kontrolle** zu ergänzen, die als selbstständiges Steuerungsinstrument den Planungsprozess kritisch absichernd begleitet.

Diese Punkte sind in Abbildung 2: „Strategische Planung und Strategisches Management" dargestellt.

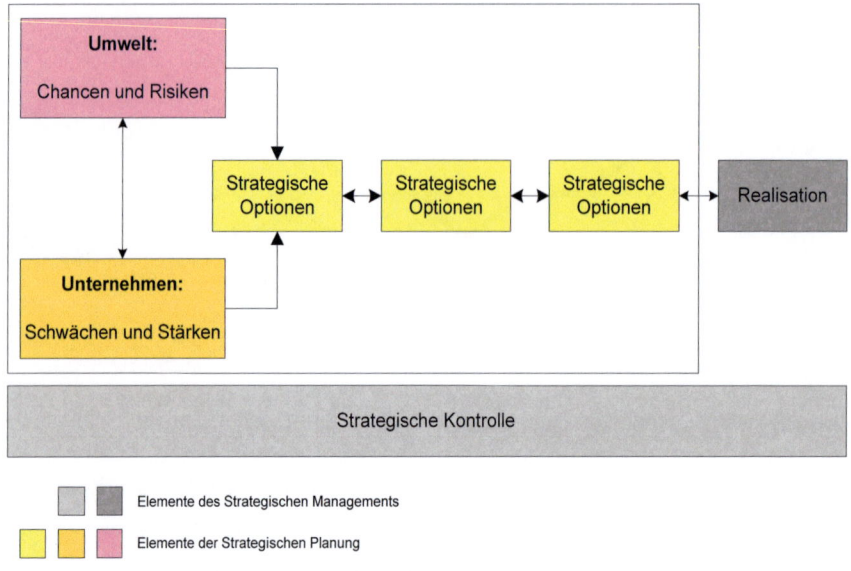

Abbildung 2: „Strategische Planung und Strategisches Management" [Anwa02]

3.2. Projektmanagement

Die allgemeinen Regeln des Projektmanagements, die älter sind als die computergestützte Informationsverarbeitung, gelten auch für IT-Projekte [Burg99], [MaBe00]. Demnach sind IT-Projekte (aus der Sicht der betroffenen Institution) einmalige Vorhaben mit hoher Komplexität, die innovatives Vorgehen erfordern, deren Start und Ende terminiert, deren Ressourcen begrenzt und die mit Risiken verbunden sind. Sie erfordern Multiprojektmanagement, weil sie einerseits um einen gemeinsamen Ressourcenpool konkurrieren und andererseits inhaltlich miteinander verknüpft sind. Damit verbunden ist die Projektpriorisierung, d.h. die Bestimmung der Reihenfolge, in der konkurrierende Projekte im Zeitablauf umgesetzt werden sollen.

3.2.1. Softwarelebenszyklus

Ein IT Projekt kann einzelne Informations- und Kommunikationssysteme (Entwicklungs-, aber auch größere Wartungs- und Reengineering-Projekte), übergreifende Inhalte (z.B. Unternehmensdatenmodellierung, Standardisierung und Vernetzung von Systemen) oder IT interne Vorhaben (z.B. Optimierung von Abläufen in der IT-Abteilung oder Einführung neuer

Softwareentwicklungsmethoden) zum Ziel haben. IT-Projekte sind demzufolge eng mit Software bzw. Information Engineering verzahnt.

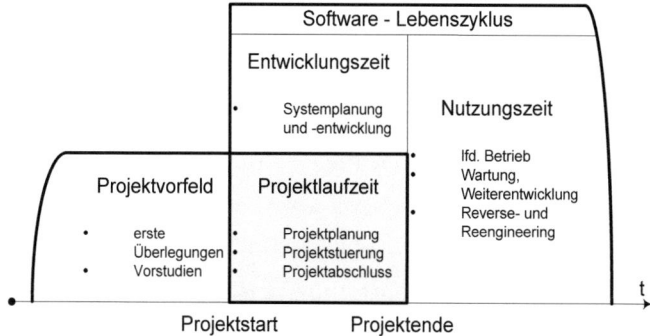

Abbildung 3: „Softwarelebenszyklus" [Heil00]

Die Abbildung 3: „Softwarelebenszyklus" stellt Projektlaufzeit, Software-Lebenszyklus und ihre zeitliche Folge dar. Das Projektvorfeld bildet eine Wochen bis Jahre umfassende Vorlaufzeit, in der Vorüberlegungen zu einem potentiellen Projekt angestellt und bei hinreichender Konkretisierung Vorstudien erarbeitet werden. Die Projektlaufzeit erstreckt sich zwischen Projektstart und –ende, sie ist in die Phasen Projektplanung, Projektsteuerung und Projektabschluss gegliedert. Projektabschlusskontrollen zählen teilweise zur Projektabschlussphase (z.B. Fortschreibung von Erfahrungsdaten und -kennzahlen), können aber auch erst während der Nutzungszeit anfallen (z.B. Überprüfung des Eintritts der prognostizierten Wirtschaftlichkeit). Der Software-Lebenszyklus beginnt mit dem Projektstart, endet aber erst bei Außerbetriebnahme des Produkts, das Projektziel war. Systemplanung und -entwicklung dieses Produkts liegen parallel zur Projektlaufzeit. Wie die variable Länge des Projektvorfeldes variiert auch die Dauer der anschließenden Nutzungszeit. Sie zählt im Allgemeinen nach Jahren und umfasst den laufenden Betrieb des Produkts, seine Wartung und Weiterentwicklung sowie erforderliche Reverse- und Reengineering-Aufgaben [Heil00].

3.2.2. Phasenkonzept

Grundidee des Phasenkonzepts ist die Reduzierung von Komplexität durch Aufteilung in überschaubare(re) Teilschritte, an deren Ende jeweils eine Überprüfung (Meilenstein) der erreichten Zwischenziele mit anschließender Freigabe der nächsten Phase bzw. Rückgabe zur Überarbeitung oder Projektabbruch steht [Heil00]. Traditionell entsprechen den Phasen Projektplanung, -steuerung und -abschluss fachliche Planungs- und Entwicklungsphasen, deren Untergliederung im Detail von Unternehmen zu Unternehmen variiert. Projektplanung setzt einen fachlichen Grobentwurf voraus, Projektsteuerung läuft parallel zum fachlichen und technischen Feinentwurf und zur Realisierung sowie Einführung des Produkts. Dem Projektabschluss entspricht die Übergabe in den laufenden Betrieb.

Zur Verteilung der Projektlaufzeit auf die einzelnen Phasen besteht Konsens darüber, dass vielfach zu schnell mit der Umsetzung erster Entwürfe begonnen und damit unnötiger Mehraufwand verursacht wird. Höherer Planungsaufwand kann nicht nur Realisierungs-, sondern auch Betriebs- und Wartungskosten substituieren – allerdings mit dem Nachteil, dass diese Substitution erst zu einem späteren Zeitpunkt stattfindet und dadurch hinter den zunächst anfallenden, höheren Planungskosten optisch zurücktritt. Das so genannte Wasserfallmodell der Softwareentwicklung [Boeh95] bot ab Ende der 60er Jahre eine Antwort auf die 1968 erstmals so benannte Softwarekrise. Es zerlegte den Projektablauf in Phasen und schloss Rückkopplungsmöglichkeiten zwischen diesen ein. Mit zunehmender Komplexität von IT Projekten wurden evolutionäre bzw. inkrementelle Entwicklungsmodelle wie das Spiral Model von Boehm [Boeh95] vorgeschlagen, die ein Produkt in mehreren Durchläufen einer Entwicklungsspirale (jeweils mit den Teilschritten: Bestimmung von Zielen, Alternativen und Beschränkungen; deren Evaluierung über Risikoanalyse und Prototypenentwicklung; Umsetzung; Planen des nächsten Umlaufs der Spirale) vervollständigen.

Ein weiteres Modell zur Projektplanung samt genauerer Betrachtung wird in Kap. 10.3.3 vorgestellt.

4. SENSITIVITÄTSANALYSE

4.1. Technologiemanagement und Fortschritt

Innovationen, die zu neuen Technologien führen, setzen neues Wissen in Naturwissenschaft und Technik voraus. Dieses Wissen wird in der Regel durch Grundlagenforschung auf neue Erkenntnisse ohne Anwendungsbezug ausgerichtet. Angewandte Forschung klärt die Anwendungsbedingungen. Die anschließende experimentelle / konstruktive Entwicklung nutzt die Ergebnisse der angewandten Forschung und kombiniert bereits bekannte Erkenntnisse und Prinzipien.

Neue Technologien setzen vielfach bereits einen gesellschaftlichen Diskussionsprozess über die Technikfolgen in Gang, noch bevor sie im ökonomischen Sinn als Fortschritt betrachtet werden können; denn dieser liegt erst dann vor, wenn die Innovation am Markt soweit verbreitet ist, dass der Wachstum- bzw. Kostensenkungseffekt höher ist als die Steigerung des Inputs.

Die Technikfolgenabschätzung kann dabei arbeitsplatz-, funktionsbezogen oder auf betrieblicher Ebene erfolgen. Auf Branchenebene oder gesamtwirtschaftlich müssen die Technikfolgen der zu untersuchenden Technik von anderen Einflüssen isoliert werden können. Wissenschaftliche Technikfolgenabschätzung setzt voraus, dass die Folgen der Technik auf gesicherten wissenschaftlichen Erkenntnissen basieren. D.h. akzeptierte Theorien oder empirische Befunde [Rein02] Die direkten wirtschaftlichen Technikfolgen beziehen sich dabei auf die Anzahl und Qualifikation der Beschäftigten, Art und Niveau der Investitionen, Art, Menge und Preis der erzeugten Produkte, Wettbewerbsveränderungen etc.

Die Abschätzung weiterer Technikfolgen erfordert die Integration entsprechender Wissenschaften (Psychologie, Soziologie, Medizin,...)

Auf betrieblicher Ebene stellen sich im Rahmen des Technologiemanagements mehr oder weniger dieselben Fragen in folgenden Situationen:
- experimentelle und konstruktive Entwicklungen für Verbesserungen an Produkten,
- Nutzbarmachung neuer Technologien für Verbesserungen im Erstellungsprozess für die „herkömmliche Produktlinie",
- Einsatz neuer Technologien zur effizienteren Steuerung der betrieblichen Prozesse.

Auch hier besteht das Problem, dass die genaue Abschätzung der Folgen umso schwieriger wird, je neuartiger die Änderungen sind. Da die Informationstechnologie einerseits, aber auch die Medizin andererseits einem raschen Wandel und Fortschritt unterliegt, ist bei Projekten in diesem Bereich besondere Aufmerksamkeit geboten.

Eine Methode, die in komplexeren Entscheidungssituationen Klarheit bringen kann ist die Sensitivitätsanalyse (SA) nach Frederic Vester, die auf den folgenden Seiten beschrieben wird [Rein02].

4.2. Die Methode des Vernetzten Denkens

Der Methode des Vernetzen Denkens liegt ein ganzheitlicher, systemischer Ansatz zugrunde, der im Folgenden durch Beispiele erläutert wird. Für eine weiterführende wissenschaftliche Analyse der Systemplanung sei an dieser Stelle auf [Hein96] verwiesen.

4.2.1. Definition eines Systems

Systeme bestehen aus vielen verschiedenen Teilen, so genannten Systemelementen, die jedoch nicht wahllos nebeneinander liegen, sondern in einer bestimmten Struktur, Ordnung und Organisation miteinander vernetzt sind [Vest91]. Ein System zeichnet sich dadurch aus, dass jede Änderung / jeder Eingriff Auswirkungen auf das System als Ganzes hat.

Nehmen wir als Beispiel das System „Fußballspiel": 22 Spieler und ein Ball. Jedoch ist dieses System nicht abgeschlossen. Denn es ist eine Grundvoraussetzung für jedes lebensfähige System, dass es mit seiner „Umwelt" in Kontakt steht. Beim Fußballspiel sind dies z.B. die Trainer, Schiedsrichter und Schiedsrichterassistenten, das Publikum etc. Je nachdem, welche Fragestellung zu beantworten ist, wird der Schwerpunkt auf bestimmte relevante Informationen gelegt, die dann weitere Entscheidungen beeinflussen. Jeder Fußballtrainer betrachtet zunächst einmal das Spiel seiner Mannschaft als Ganzes und wird dann über gewisse Entscheidungen nachdenken. Der Linearstratege wechselt die Stürmer aus, wenn keine Tore fallen. Der vernetzt denkende Trainer sieht, dass es auch daran liegen kann, dass aus dem Mittelfeld keine Unterstützung für den Sturm kommt usw.

Betrachten wir Eingriffe von außen ins System einer Mannschaft, z.B. die rote Karte. Entweder geht ein „Jetzt-erst-recht"-Ruck durch die Mannschaft und 10 Spieler gewinnen ein verloren geglaubtes Spiel oder es kommt der totale Einbruch. Auf jeden Fall passiert etwas und jeder auf dem Platz ist von den Änderungen betroffen.

Jedes Lebewesen, jede Pflanze, jedes Tier, ist ein System. Diese Systeme bestehen jeweils aus verschiedenen Systemelementen (z.B. Organe bzw. Pflanzenteile), die eine spezifische Aufgabe haben und zum Erhalt des Ganzen beitragen. Jeder Eingriff hat Auswirkungen auf das Ganze.

Auch der Mensch ist ein System, bestehend aus Systemelementen (Organe, Gliedmaßen etc.), die ihrerseits wieder als Subsysteme (bestehend aus verschiedenen Zellen) angesehen werden können. Je nach Fragestellung sind nur bestimmte Informationen über die Teile wichtig. So interessiert z.b. den Fußballtrainer beispielsweise die Ausdauer, das Sprintvermögen und die Geschicklichkeit am Ball. Der Sportmediziner aber ist am Lungenvolumen, an der Anzahl roter Blutkörperchen oder am Zustand der Kreuzbänder interessiert. Und auch beim Menschen gilt, Störungen an Teilen des Systems spürt der ganze Organismus. Er wird krank.

Es mag zunächst abstrakt klingen, aber die gesamte Realität, die uns umgibt, ist im Grunde genommen ein komplexes System, das seinerseits wieder aus unzähligen Subsystemen usw. besteht. Nicht nur Fußballspiele oder Lebewesen sind Systeme. Beispielsweise ist eine Volkswirtschaft ebenso ein System wie ein bestimmter Industriezweig, die raumplanerische Situation im Umfeld einer Großstadt, usw.

Diese Liste ließe sich beliebig fortsetzen. Das größte System, in dem wir alle leben, in das unzählige Subsysteme integriert sind und das schon seit etwa 4 Mrd. Jahren funktioniert, ist die Biosphäre [Vest91]. Gerade in jüngster Zeit treten die Auswirkungen früherer Eingriffe immer stärker ins Bewusstsein, beispielsweise der Treibhauseffekt.

Die Analyse eines Systems und das Handeln in einem vernetzten System erfordern vernetztes Denken. Dabei muss das Ziel sein: Stärkung der Überlebensfähigkeit eines Systems und nicht quantitatives Wachstum. Vernetztes Denken ist ebenso Voraussetzung zur genauen Abschätzung von Folgen insbesondere weitreichender Entscheidungen innerhalb eines Unternehmens. Wie im Sinne ganzheitlicher Problemlösung hier vorgegangen werden kann wird im Weiteren aufgezeigt.

4.2.2. Gesamtheitlich-ganzheitlich

Oft werden die Begriffe „gesamtheitlich" und „ganzheitlich" nicht korrekt unterschieden. Dazu die folgende Gegenüberstellung:

- *Gesamtheitlich:* Es werden Einzelaspekte eines Systems und deren einzelne Auswirkungen betrachtet. Anschließend erfolgt eine einfache Summierung.
- *Ganzheitlich:* Wichtig ist in erster Linie das Verhalten aller Teile zusammen *als Ganzes*. Beziehungen und Verknüpfungen zwischen den Elementen sind wichtiger als Details, die nur bei Relevanz für das Systemverhalten betrachtet werden.

4.2.3. Die Notwendigkeit vernetzten Denkens

Ganzheitliches, systemisches Denken und Handeln ist in komplexen Systemen erforderlich; auch und gerade beim Thema Technologiemanagement. Neue Technologien lassen sich nicht nur auf monetäre Größen reduzieren. Bei Entscheidungen müssen alle relevanten Gegebenheiten berücksichtigt werden. Man darf sich nicht getrennt voneinander mit einigen wenigen Aspekten oder gar nur einem einzigen beschäftigen.

Vielmehr gilt es, alle relevanten Einflussfaktoren (Systemelemente) und insbesondere deren Zusammenwirken zu durchleuchten.

Der aus der Chaosforschung bekannte Schmetterlingseffekt, nach dem die Luftbewegungen

eines Schmetterlings in Peking einige Wochen später Sturmsysteme über New York beeinflussen kann [BrPe01], [Glei90], zeigt die unglaublich komplexen Zusammenhänge; kleine Ursache, große Wirkung. Die vielfältigen Abhängigkeiten und Vernetzungen machen die Reaktionen des Systems nicht prognostizierbar.

Die Chaosforschung hat hier einen Berührungspunkt zur Sensitivitätsanalyse. Beides beschäftigt sich mit Zusammenhängen, die von der „normalen" deterministisch orientierten Naturwissenschaft aufgrund der Komplexität nicht mehr in den Griff zu bekommen sind. Kleinste Änderungen in den Eingangsgrößen können zu „unvorhersehbaren" Reaktionen bei den Ausgangsgrößen führen. Das darf aber nicht zu der Annahme führen, dass Sensitivitätsanalyse und Chaostheorie unmittelbar miteinander in Verbindung stehen würden. Beide beschäftigen sich jedoch mit der Komplexität und mit der Vernetzung realer Vorgänge. In der Chaosforschung werden in der Tat sehr komplizierte Gleichungssysteme zur Beschreibung von

Systemen entwickelt. Diese Systeme bestehen aus einer Verflechtung komplizierter Beziehungen, die aber grundsätzlich mit mathematischen Gleichungen erfasst werden können.

Die Sensitivitätsanalyse beschäftigt sich jedoch mit Systemen bei denen der Mensch, menschliche Empfindungen und menschliches Verhalten eine Rolle spielen. Hier kommt man bei weiteren Betrachtungen mit Grundschulmathematik aus. Es geht um Systeme, bei denen Menschen Entscheidungen treffen aufgrund von Empfindungen, Aufklärung, Wissen etc. Bei diesen Systemen hängt die Zuverlässigkeit von Prognosen auch von der Berücksichtigung zahlreicher psychologischer Aspekte ab. Dietrich Dörner [Dörn89] beispielsweise hat sich intensiv mit menschlichem Verhalten in komplexen Situationen beschäftigt. Durch die Analyse von realen Entwicklungen, von menschlichem Verhalten bei eingetretenen Katastrophen (z.B. Tschernobyl) und anhand von Planspielen und Tests zeigt Dörner, dass der Mensch nicht nur bei kurzfristigen Entscheidungen in komplexen Situationen Fehler macht, sondern erst recht nicht mehr die mittel- und langfristigen Auswirkungen seiner Entscheidungen einschätzen kann.

Vesters Methode der Sensitivitätsanalyse bietet als Antwort darauf ein Instrument an, das in der Lage ist, Vernetzungen zu visualisieren, die Überlebensfähigkeit von Systemen zu bewerten und langfristige Entwicklungen abschätzbar zu machen.

4.3. Die Sensitivitätsanalyse

Ausgehend von den mangelhaften klassischen Planungsansätzen in Unternehmen, in der Regionalplanung und in der Entwicklungshilfe wurde von Frederic Vester die Sensitivitätsanalyse entwickelt [Vest80]. Dieses ist ein kybernetisches Verfahren, das erstmals die Erfassung und Bewertung komplexer Systeme ermöglicht, indem ein Sensitivitätsmodell des betrachteten Systems erstellt wird.

Herkömmliche Verfahren beschränken sich auf das Erfassen der zu untersuchenden Einzelobjekte, wohingegen die Sensitivitätsanalyse die besonders wichtigen Wechselwirkungen und die Berücksichtigung weiterer, mit dem zu betrachtenden System vernetzter Lebensbereiche möglich macht. Qualitative und quantitative Einflüsse können durch die Sensitivitätsanalyse verarbeitet werden.

Die Vorgehensweise bei der Sensitivitätsanalyse baut auf dem *Prinzip der Mustererkennung* (pattern recognition) auf [Vest89]:

Blickt man die „Abbildung 4: Pattern Recognition" scharf an, erkennt man abgegrenzte Quadrate in diversen Graustufen. Man ahnt vielleicht, dass es sich hierbei um ein Gesicht handeln könnte. Und genau wie beim scharfen Anblicken dieses Bildes verfahren herkömmliche Planungsansätze. Man beschäftigt sich mit einzelnen Details und jeder kann ganz genau Auskunft erteilen über sein Quadrat. Aber was sich hinter dem Ganzen verbirgt wird oftmals nicht erkannt.

Abbildung 4: Pattern Recognition [Vest89]

Bei der Erstellung eines Sensitivitätsmodells geht man nun genau entgegengesetzt vor. Die Details, also die genauen Grauwerte und die scharfen Grenzen der Quadrate interessieren zunächst nicht. Was wichtig ist, sind die einzelnen Verknüpfungen, also die Übergänge, die Helligkeitsabstufungen zwischen den Quadraten und alle Quadrate als ein Ganzes. Unser Gehirn macht uns vor, wie das funktioniert. Durch Blinzeln, durch Absetzen der Brille oder durch Vergrößern der Entfernung zwischen Augen und Bild nehmen wir unserem Gehirn bewusst die Möglichkeit, scharfe Details zu erkennen: die Quadrate verschwimmen miteinander. Und plötzlich taucht ein viel deutlicheres Bild auf: Abraham Lincoln.

Hier hat unser Gehirn mit der Fähigkeit der so genannten „Mustererkennung" gearbeitet. Die für das Erkennen des Bildes wichtigen und relevanten Informationen, also die Helligkeitsunterschiede über das ganze Bild, haben genügt, um ohne Detailkenntnis die Realität zu erkennen.

4.3.1. Durch die Sensitivitätsanalyse zum Sensitivitätsmodell

Bei der Sensitivitätsanalyse geht es also nicht darum, Details zu erkennen. Das Verhalten des Systems steht im Mittelpunkt.

Die Vorgehensweise kann grob folgendermaßen zusammengefasst werden [Vest80]:

Die Basis einer jeden Sensitivitätsanalyse bildet ein *überschaubarer Satz von Variablen*. Da in allen darauf folgenden Schritten mit diesen Variablen gearbeitet wird, ist eine sorgfältige Auswahl dieser Variablen unbedingt notwendig. Mehrere inhaltlich zusammengehörende Fakten werden meist unter einer einzigen Variablen vereinigt.

Die Methodik bei der Erstellung basiert auf *Gruppenarbeit*, wobei Teilnehmer aus den Reihen aller vom System Betroffenen und am System Beteiligten mitarbeiten sollten. Denn nur so kann ein ganzheitliches Bild der Wirklichkeit geschaffen werden. Zur Ermittlung der Einflussfaktoren sollte eine Kreativitätstechnik angewendet werden.

Damit alle relevanten Bereiche durch die erstellten Variablen berücksichtigt werden, ist es vorteilhaft, dass sich die Gruppe zunächst einmal eine Struktur erarbeitet, an der man sich bei der anschließenden Ermittlung der Variablen orientiert. Dies kann zum einen durch eine Orientierung an vorhandenen Modellen und Beispielen und dessen spezifische Übertragung auf die Problemstellung geschehen. Die zweite Möglichkeit ist, die Gruppe erarbeitet sich in methodischer Vorgehensweise diese Struktur selbst, indem zunächst einmal generell die denkbaren Einflussfaktoren ermittelt werden. Daraus kann dann die Gruppe wiederum die Einflussvariablen ermitteln, diese müssen nur die Voraussetzung erfüllen, dass sie quantifizierbar sind, d.h. größer oder kleiner werden können.

4.3.2. Ein Beispiel

Hier soll als Beispiel die Fragestellung dienen, welchen Einfluss die Kürzung der Lohnfortzahlung im Krankheitsfall auf die Situation eines Unternehmens am Markt hat. Das Beispiel wurde im Rahmen eines Workshops von Unternehmen der Elektroindustrie erarbeitet [Rein02][2]:

Nachdem zunächst eine Vielzahl von Einflussfaktoren ermittelt worden war (z.B. Betriebsklima, wirtschaftliche Situation des Unternehmens, Tarifpolitik, ...) wurden daraus Variablen

---

[2] Der Autor weißt darauf hin, dass das entstandene Modell aufgrund des begrenzten Zeitrahmens des Workshops sicherlich noch diskussionswürdig sei.

abgeleitet. Variablen im Sinne einer Sensitivitätsanalyse müssen quantifizierbar sein, d.h. größer oder kleiner, zu- oder abnehmen können.

Somit liegt eine erste Variablensammlung vor, mit der begonnen werden kann, das Wirkungsgefüge in Form eines Netzwerks aufzubauen. Hierbei muss betont werden, dass die gesamte Sensitivitätsanalyse bis hin zum Sensitivitätsmodell ein iterativer Prozess ist. Das heißt während des nun folgenden Aufbaus des Wirkungsgefüges, den die Gruppe gemeinsam unter Moderation vornimmt, können neue Variablen hinzukommen und es kann sich ebenso zeigen, dass einzelne Variablen gar nicht benötigt werden. Außerdem können wiederholt Redefinitionen von einzelnen Variablen notwendig werden. Beim Aufbau des Wirkungsgefüges versucht man zunächst, den so genannten Grundkreislauf zu erstellen.

Dieser ist nun Schritt für Schritt auszubauen bis hin zum kompletten Netz (vgl. Abbildung 5: Sensitivitätsmodell-„Lohneinbuße bei Krankheit"), das als Sensitivitätsmodell die Realität unter der betrachteten Fragestellung widerspiegelt.

Man könnte im Bedarfsfall zusätzlich die einzelnen Pfeile mit einer „Übertragungsdauer" und die Variablen mit einer „Reaktionszeit" belegen. Somit können auch zeitliche Effekte erfasst werden.

Je nach Art der Einflussnahme einer Variablen auf eine andere werden die Einflüsse dementsprechend gekennzeichnet:

- eine Änderung der Variable A nimmt erhöhend Einfluss auf Variable B: + (grün dargestellt)
- eine Änderung der Variable A nimmt verringernd Einfluss auf Variable B: - (rot dargestellt)

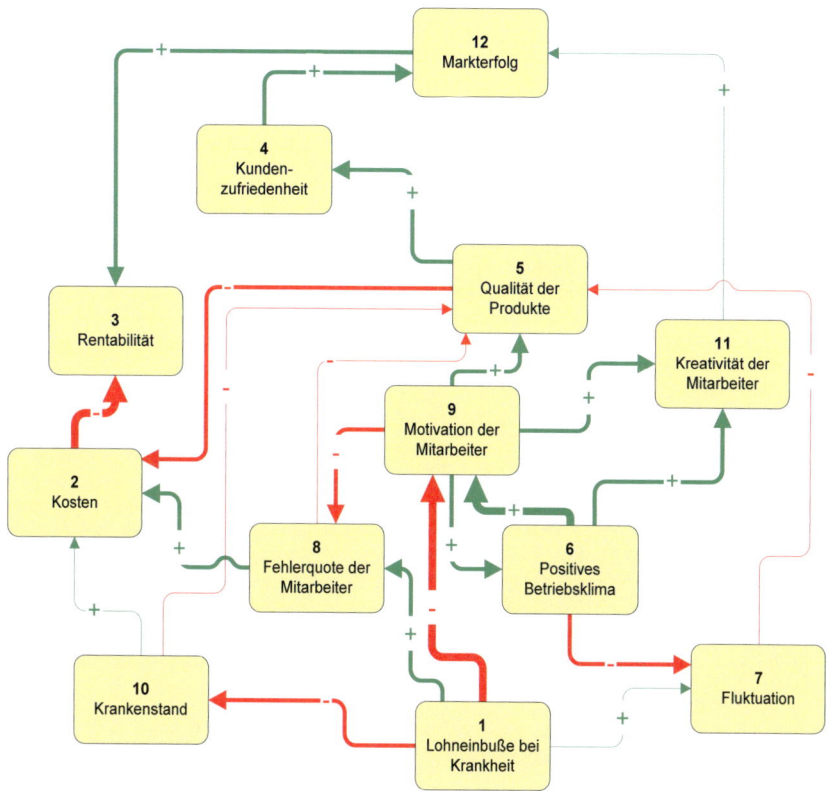

Abbildung 5: Sensitivitätsmodell-„Lohneinbuße bei Krankheit" [Rein02]

Als weiteres Analyseinstrument dient die Einflussanalyse. Hierbei werden die einzelnen Wechselwirkungen nach ihrer Stärke eingeschätzt:

- **1** = dünner Pfeil = schwache Wirkung
- **2** = mittel
- **3** = dicker Pfeil = starke Wirkung

Somit kann jeder Variable eine Aktivsumme (Summe aller Auswirkungen auf andere Variablen) und eine Passivsumme zugeordnet werden (vgl. Tabelle 1: Aktiv- und Passivsummen).

Wirkung von ↓ auf →	1	2	3	4	5	6	7	8	9	10	11	12	Aktiv-summe
1 Lohneinbuße bei Krankheit	■						1	2	3	2			8
2 Kosten		■	3										3
3 Rentabilität			■										0
4 Kundenzufriedenheit				■								2	2
5 Qualität der Produkte		2		2	■								4
6 positives Betriebsklima						■	2		3		2		7
7 Fluktuation					1		■						1
8 Fehlerquote der Mitarbeiter		2			1			■					3
9 Motivation der Mitarbeiter					2	2		2	■		2		8
10 Krankenstand		1			1					■			2
11 Kreativität der Mitarbeiter											■	1	1
12 Markterfolg			2									■	2
Passivsumme	0	5	5	2	5	2	3	4	6	2	4	3	

Tabelle 1: Aktiv- und Passivsummen [Rein02]

Variablen mit einer hohen Aktivsumme sind Variablen, die insgesamt gesehen einen hohen Einfluss auf andere Variablen ausüben (d.h. entweder in hohem Maß auf andere Variablen bzw. auf viele andere Variablen wirken). Dementsprechend sind Variablen mit einer hohen Passivsumme einem hohen Einfluss durch andere Variablen ausgesetzt.

Aus Tabelle 1 lässt sich eine grafische Einflussanalyse ableiten, auf der der unterschiedliche Charakter der einzelnen Variablen sehr schnell zu erkennen ist (Abbildung 6: Grafische Einflussanalyse).

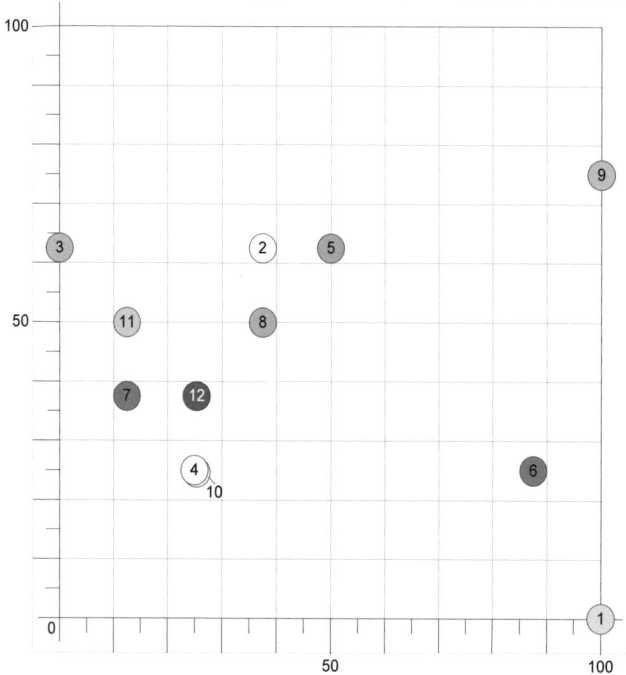

Abbildung 6: Grafische Einflussanalyse [Rein02]

4.3.3. Zusammenfassung.

Die Sensitivitätsanalyse arbeitet nach dem Unschärfeprinzip: das Wesentliche und für die Fragestellung wichtige zu erkennen ist wichtiger als alle Details des Untersuchungsbereiches.

Bei der Erstellung eines Sensitivitätsmodells kommt es darauf an, alle Sichtweisen einfließen zu lassen.

Vernetzungen komplexer Zusammenhänge werden sichtbar; auf dieser Basis können Entscheidungen besser vorbereitet werden.

Ein Sensitivitätsmodell ist auch als „Frühwarnsystem" nutzbar.

4.4. Entwicklung des Systemansatzes von Vester

4.4.1. Komplexität

Man muss beim Begriff „Komplexität unterscheiden zwischen komplexer Struktur und komplexem Verhalten (Abbildung 7: Komplexität), entsprechend muss man seine Vorgehensweise wählen. Man erkennt sehr leicht, dass die Systeme, die sowohl eine komplexe Struktur als auch komplexe Verhaltensweisen aufweisen, am schwierigsten zu beherrschen sind.

Systeme werden insbesondere dann komplex, wenn das Verhalten von lebenden Organismen (z.B. Ökosysteme) oder menschliches Verhalten berücksichtigt werden muss. Insbesondere bei menschlichem (ir)rationalen Verhalten kommt man mit herkömmlichen Analyseinstrumenten oft nicht zum gewünschten Ergebnis [Rein02].

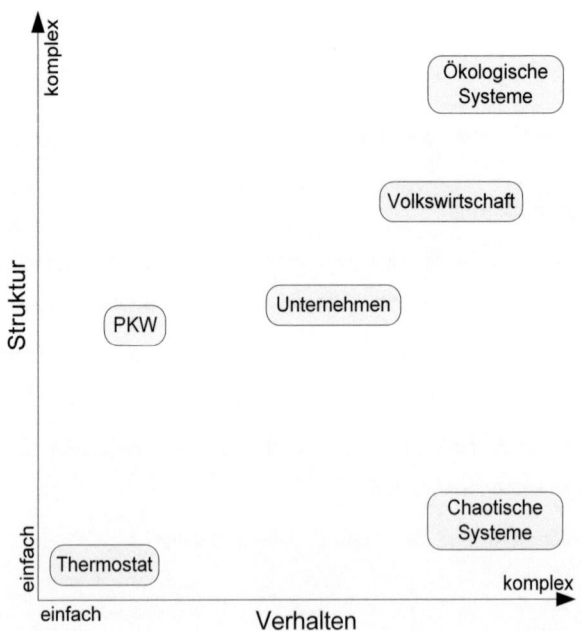

Abbildung 7: Komplexität [Rein02]

Komplexe Situationen haben folgende Charakteristik [Dörn89]:

- Viele, *sich gegenseitig beeinflussende Faktoren*
- *Dynamisches Verhalten*, das System wartet nicht wie ein Schachspieler auf den nächsten Zug sondern es „lebt".
- Es kann nicht alles genau erkannt werden. Dörner vergleicht es mit Milchglas, durch das nur unscharfe Konturen sichtbar werden;
- Komplexe Systeme zeigen *nichtlineares Verhalten*; in einigen Bereichen sogar durchaus chaotische Züge.

Nach Dörner [Dörn89] werden beim Umgang mit komplexen Systemen am häufigsten folgende Fehler gemacht:

- *Mangelhafte Zielbeschreibung*: Das System wird so lange untersucht, bis man mit einfachen Eingriffen kurzfristige Erfolge verbuchen kann. Langfristiges und nachhaltiges Denken wird vernachlässigt. Dies führt häufig zu einem Reparaturdienstverhalten.
- Menschen neigen dazu, riesige Datenmengen zu sammeln, dieses werden aber nicht zueinander in Beziehung gesetzt oder miteinander verknüpft. Der *kybernetische Charakter wird übersehen*.
- Irreversible *Konzentration auf ein bestimmtes Untersuchungsgebiet*: Aufgrund einiger positiver Anfangserfolge durch bestimmte Maßnahmen fällt es außerordentlich schwer sich auch anderen Feldern zuzuwenden.
- Durch lineares Denken verursacht, werden Wechselwirkungen und *indirekte Einflüsse übersehen*.
- Oft neigen diejenigen, die Macht und Befugnisse haben, zu *autoritärem Verhalten*. Dieses provoziert versteckte Widerstände, deren Überwindung viel Energie kostet.

4.4.2. Verschiedene Systemansätze

In der Wissenschaft haben sich im Laufe der letzen Jahrzehnte verschiedene Systemansätze herausgebildet. Diese haben miteinander gemeinsam, dass Sie Systeme (mit mehr oder weniger mathematischem Aufwand) beschreiben und dass sie Hinweise und Werkzeuge liefern, das Systemverhalten zu analysieren und über dessen zukünftige Entwicklung Aussagen zulassen. Der Unterschied dieser verschiedenen Systemansätze liegt zum einen in den verschiedenen Wissenschaftsfeldern begründet, in denen sie angewendet werden und zum anderen darin, wie stark menschliches Verhalten berücksichtigt werden muss (z.B. Persönlichkeit, Denkweisen, Vorlieben, Wertesysteme, kulturelle Einflüsse etc.). Einige Systemansätze benötigen umfassende mathematische Instrumente (beispielsweise Systeme von Differentialgleichungen), z.B. Wieners Kybernetik-Ansatz oder die Allgemeine Systemtheorie von Bertalanffy [Ossm00]. Ebenso kennt die Psychologie einen systemischen Ansatz, um Kommunikation und soziale Interaktion zwischen Menschen zu beschreiben.

Der Systemansatz von Jay W. Forrester, der durch den Bericht „Grenzen des Wachstum" an den Club of Rome 1972 bekannt wurde [Mead72]. Hierin wurden mathematische Modelle zum Wachstum der Menschheit und dessen Folgen entwickelt und diskutiert. Forrester beschreibt den Zusammenhang zwischen zwei Variablen durch detaillierte Funktionsgleichungen, aber er verwendet gleichzeitig Zeitintervalle zur Beschreibung für seine Betrachtung und rechnet nur von Zeitpunkt t_n zu t_n+1.

4.4.3. Der System-Ansatz von Frederic Vester

Der in dieser Arbeit beschriebene und verwendete Systemansatz von Frederic Vester ist ein ökologisch-biologischer Ansatz, da er sich – auch nach Aussage seines Begründers – am realen Verhalten lebender Organismen orientiert.

Die von Vester entwickelte Methode kann auf Systeme angewendet werden, die sich durch komplexe Strukturen und komplexes Verhalten auszeichnen. Menschliches Denken, Verhalten und menschliche Handlungsmuster lassen sich ebenso wie wirtschaftliche und soziale Beziehungen einbeziehen. Vesters Ansatz wurde erfolgreich angewendet zur unternehmerischen Strategieplanungen, Technikfolgenabschätzung, Entwicklungshilfeprojekte, Wirtschaftsentwicklung, Raum- und Umweltplanung, Verkehrsplanung etc.

Neben dem beschriebenen Beispiel (siehe Kapitel 4.3.2) sind eine Vielzahl von weiteren unterschiedlichen Anwendungen z.B. in [Vest99], [PrGo91] oder [UlPr88] nachzulesen.

Vester beschreibt die Zusammenhänge zwischen zwei Systemelementen nicht in Form mathematischer Gleichungen sondern mit Hilfe einfacher „wenn-dann"-Beziehungen. Es wird lediglich zwischen gleichgerichteten und gegengerichteten Wechselwirkungen unterschieden. Tatsächlich genügt diese einfache Beschreibung, um das dynamische Verhalten von Systemen zu beschrieben. Die genaue Erfassung von Daten ist zweitrangig, wichtig ist das Verhalten. Es spielt keine Rolle, ob z.B. 500000 Pkw mehr oder weniger im Jahre 2005 auf den Straßen unterwegs sind, wenn die Treibstoffpreise fallen, wichtig ist zu wissen, dass die Zahl der Pkw drastisch ansteigen wird. Im Sinne von Vester genügt für diese eine Wechselbeziehung (innerhalb des sehr komplexen Systems „Verkehr") die Beschreibung „wenn die Treibstoffpreise fallen, wird die Zahl der Pkw zunehmen". Dieses ist eine von mehreren wesentlichen Beziehungen innerhalb dieses Systems. Die Stärke von Vesters Ansatz liegt u.a. darin, dass nicht erheblicher Aufwand vergeudet wird, um sich mit der Formulierung einer Differentialgleichung zu beschäftigen, die hinterher zur Lösung nur noch mehr Aufwand verursacht. Ein zweiter Grund zum Versicht auf genaue Funktionsgleichungen liegt darin, dass die Zusammenhänge in solchen

Systemen, auf denen Vesters Ansatz angewendet werden kann, von vorne herein so komplex sind, dass sie gar nicht erfasst werden können. Das gilt insbesondere für menschliche Denk und Verhaltensmuster. Es werden bewusst unscharfe Formulierungen gewählt; z.B. „wenn der Professor öfter zu spät kommt, dann werden auch die Studenten unpünktlicher". Was ist *öfter*, was bedeutet *zu spä*t, was bedeutet *nachlässiger*? Mathematisch können diese Aussagen nicht erfasst werden, in Vesters Modell ist diese Aussage ganz einfach zu formulieren (siehe dazu Abbildung 8: Einfache Formulierung unscharfer Zusammenhänge bzw. Abbildung 5: Sensitivitätsmodell-„Lohneinbuße bei Krankheit").

Abbildung 8: Einfache Formulierung unscharfer Zusammenhänge [Rein02]

Die genaue Vorgehensweise bei der Modellerstellung ist sehr gut beispielsweise in [Vest99] beschrieben. Es handelt sich um einen rekursiven Prozess, bei dem im Wesentlichen die folgenden neun Schritte zu berücksichtigen sind:

1. Systembeschreibung;
2. Erfassung der Einflussgrößen;
3. Prüfung auf Systemrelevanz;
4. Hinterfragung der Wechselwirkungen;
5. Bestimmung der Rolle im System;
6. Untersuchung der Gesamtvernetzung;
7. Kybernetik einzelner Szenarien;
8. Wenn-dann-Prognosen und Policy-Tests;
9. Systembewertung und Strategie.

In Abbildung 9: Erstellungsprozess eines Sensitivitätsmodells ist die rekursive und sich mehrfach korrigierende Erstellung eines Sensitivitätsmodells dargestellt. Definitionen und

Beschreibungen werden immer wieder aufgrund der neuesten Ergebnisse nachgelagerter Arbeitsschritte erweitert, ergänzt, modifiziert, hinzugefügt, gestrichen.

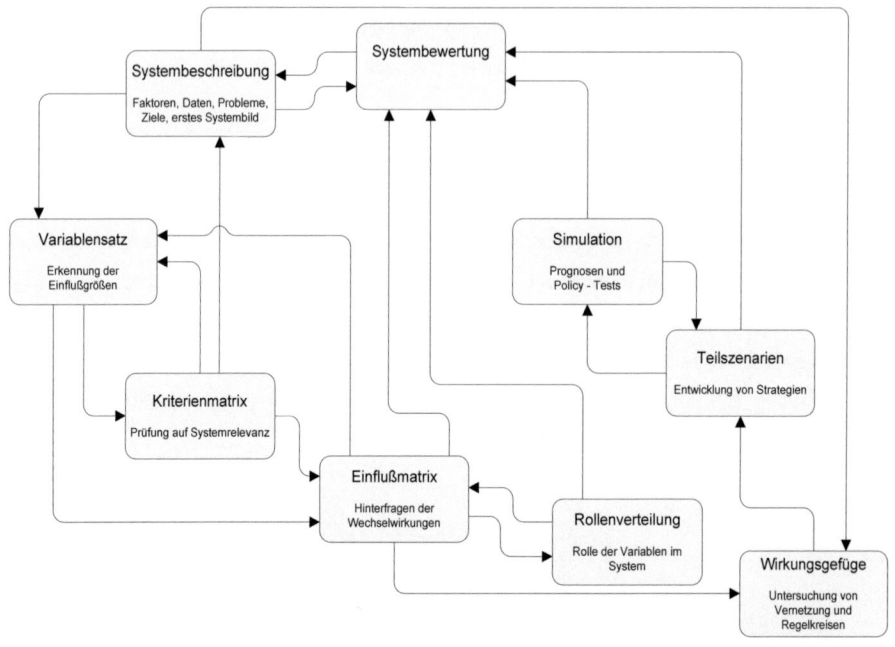

Abbildung 9: Erstellungsprozess eines Sensitivitätsmodells [Rein02]

4.5. Implikationen für das weitere Vorgehen

Die Beziehungen zwischen den Parametern eines Entscheidungsmodells (in diesem Fall das IT-Projektmanagement im Gesundheitswesen) und deren Auswirkungen auf die Lösung eines Entscheidungsproblems, kurz die Sensitivitätsanalyse, wurde und wird bisher bei zahlreichen Entscheidungsmodellen nicht oder nur wenig ausführlich behandelt, obwohl sie für die Anwendungsmöglichkeit zweifelsohne von großer Wichtigkeit ist [Eigi88].

Aus der im vorigen Kapitel beschriebenen Vorgehensweise für die Erstellung eines Sensitivitätsmodells wird eine SA nach dem Ansatz von Vester für das IT-Projektmanagement im Gesundheitsbereich durchgeführt.

Es wurde nach der beschriebenen Vorgehensweise (siehe Abbildung 9: Erstellungsprozess eines Sensitivitätsmodells) von der Projektgruppe ein Set von Variablen für den genannten

Untersuchungsbereich erstellt; das Set und das Wirkungsgefüge wird im folgenden Kapitel 5 dargestellt.

Danach erfolgt eine Eingrenzung auf Bereiche des strategischen Projektmanagements (im in Kapitel 5 vorgestellten Modell werden alle relevanten Bereiche der medizinischen Informatik erfasst); diese werden dann in den nachfolgenden Kapiteln aus Sicht des Projektmanagements im Gesundheitsbereich analysiert und beschrieben. Am Ende jedes Kapitels wird das Ergebnis der SA für den behandelten Bereich zusammenfassend nochmals dargestellt.

Auf mathematische Ausprägungen der Sensitivitätsanalyse wie sie z.B. oft im Rahmen der linearen Programmierung[3] oder in der Haushalts- und Produktionstheorie[4] Anwendung finden wird bewusst verzichtet, da für den konkreten Untersuchungsbereich die Methode von Vester aus den genannten Gründen als die Geeignetste erscheint.

---

[3] Siehe dazu etwa bei Dinkelbach [Dink69], der drei Arten von Sensitivitätsanalysen anführt und diese mithilfe mathematischer Lösungsmöglichkeiten durchführt

[4] Siehe beispielsweise bei [Trie90]

5. Das Sensitivitätsmodell „IT-Projektmanagement im Gesundheitsbereich"

Analog zu der im vorigen Kapitel 4.4.3 beschriebenen Vorgehensweise wurde in Anlehnung an Lehmann [LeMe02] in Zusammenarbeit mit Vertretern des Gesundheitswesens (im Folgenden vereinfacht als „Projektgruppe" bezeichnet) ein Sensitivitätsmodell entwickelt, das alle relevanten Bereiche für das IT-Projektmanagement im Gesundheitsbereich und deren Wechselwirkung umfasst.

Im Sinne des ganzheitlichen Bezuges der Analyse – wie in Kapitel 4.2.2 beschrieben – wurden weiters fünf Stakeholder identifiziert (siehe Abbildung 10), die auf Projekte im Gesundheitsbereich Einfluss nehmen können [Shor01].

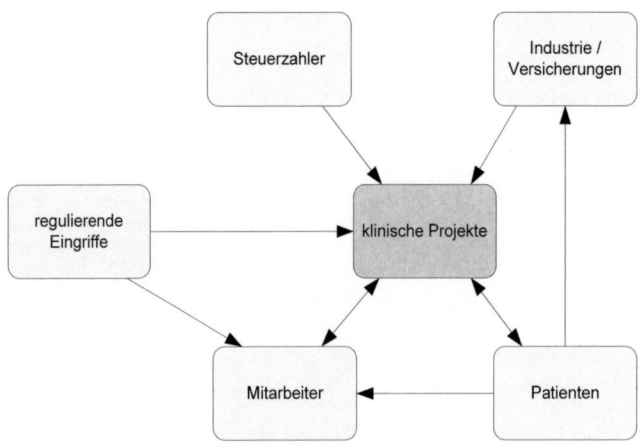

Abbildung 10: Stakeholder bei Projekten im Gesundheitswesen nach Shortliffe [Shor01]

Für das Gesamtmodell wurde das folgende Variablenset definiert:

1. **medizinische Informatik ***
   - Wurzeln (Organisationslehre, medizinische Dokumentation, maschinelle Datenverarbeitung, medizinische Statistik)
   - derzeitiger Stand (Modellierung biologische Systeme, medizinische Robotik, Integration des Patienten, Telemedizin, Lehr- und Lernsysteme, Qualitätsmanagement)

2. **Institutionen des Gesundheitswesens** *
   - Gesundheitsversorgung
   - Leistungsorientierte Krankenhausfinanzierung (LKF)
   - medizinische Informatik im Gesundheitswesen
3. **Medizinische Dokumentation** *
   - Grundlagen (Ziele, Arten, Qualität)
   - Medien
   - medizinische Dokumentation im Routinebetrieb
   - medizinische Begriffsordnungen
   - medizinische Ordnungssysteme und deren Anwendung
4. **Entscheidungsunterstützende Systeme und wissensbasierte Methoden** *
   - Entscheidungen
   - Wissen
   - Integrationsaspekte
   - rechnergestützte Wissensverarbeitung
5. Modellierung biologischer Systeme
6. Medizinische Statistik
   - Studien in der Medizin
   - Auswertungen
7. Medizinische Signalverarbeitung
   - Auswertung
   - Verarbeitung
   - Klassifikation
   - Interpretation
8. Medizinische Bildverarbeitung
   - Speicherung und Kommunikation
   - Visualisierung
   - Bearbeitung
   - Klassifikation
9. Computergestütze Chirurgie
   - Computergestütze OP-Planung
   - Computergestütztes Operieren

10. Krankenhausinformationssysteme *
- Modellierung von KIS
- Referenzmodelle
- Aufgaben eines Krankenhauses
- Management von KIS (strategisch, taktisch, operativ)

11. Integration des Patienten *
- Stellung des Patienten
- Patientenkarten
- Patienteninformierung

12. Telematik im Gesundheitswesen *
- Telemedizin
- Teleausbildung
- Telematik für medizinische Forschung
- Telematik für das Gesundheitsmanagement

13. medizinische Lehr- und Lernsysteme
- Nutzergruppen
- Anforderungen
- Zugang
- Einsatzumgebung

14. Qualitätsmanagement *
- Beiträge zum QM (klinische Ökonomik, evidenzbasierte Medizin, Messung der Lebensqualität)
- Modelle
- Informatik und Qualitätsmanagement
- Informationsbereitstellung und Kommunikation
- Werkzeuge zur Datenerhebung
- nicht technische Voraussetzungen

15. Rechtliche Aspekte
- Medizinproduktegesetz (MPG)
- Risikomanagement
- Human Factors Engineering

Das Wirkungsgefüge der einzelnen Variablen untereinander wird in Abbildung 11 dargestellt.

Eine Einschränkung dieser Arbeit geht dahin, dass die **fett** dargestellten und mit einem * gekennzeichneten Variablen im weiteren Verlauf der Arbeit aus Sicht des strategischen Projektmanagements genauer analysiert werden. Für eine weiterführende Recherche der nicht behandelten Punkte sei beispielsweise auf [LeMe02] oder Shortliffe [Shor01] verwiesen.

Es wurde außerdem auf die Darstellung der Art der Einflussnahme (positiv oder negativ, wie sie im Beispielfall in Kapitel 4.3.2 aufgeführt ist) bewusst verzichtet. Ebenso wurden Einflüsse der Stakeholder untereinander nicht berücksichtigt.

Die Stakeholder und deren Einflüsse sind im Modell rot dargestellt. Variablen, die im Lauf der Arbeit noch analysiert werden sind in Gelb gehalten, nicht behandelte Variablen in Grün. Die Variablen sind im Modell rechts oben mit ihrer jeweiligen Nummer versehen.

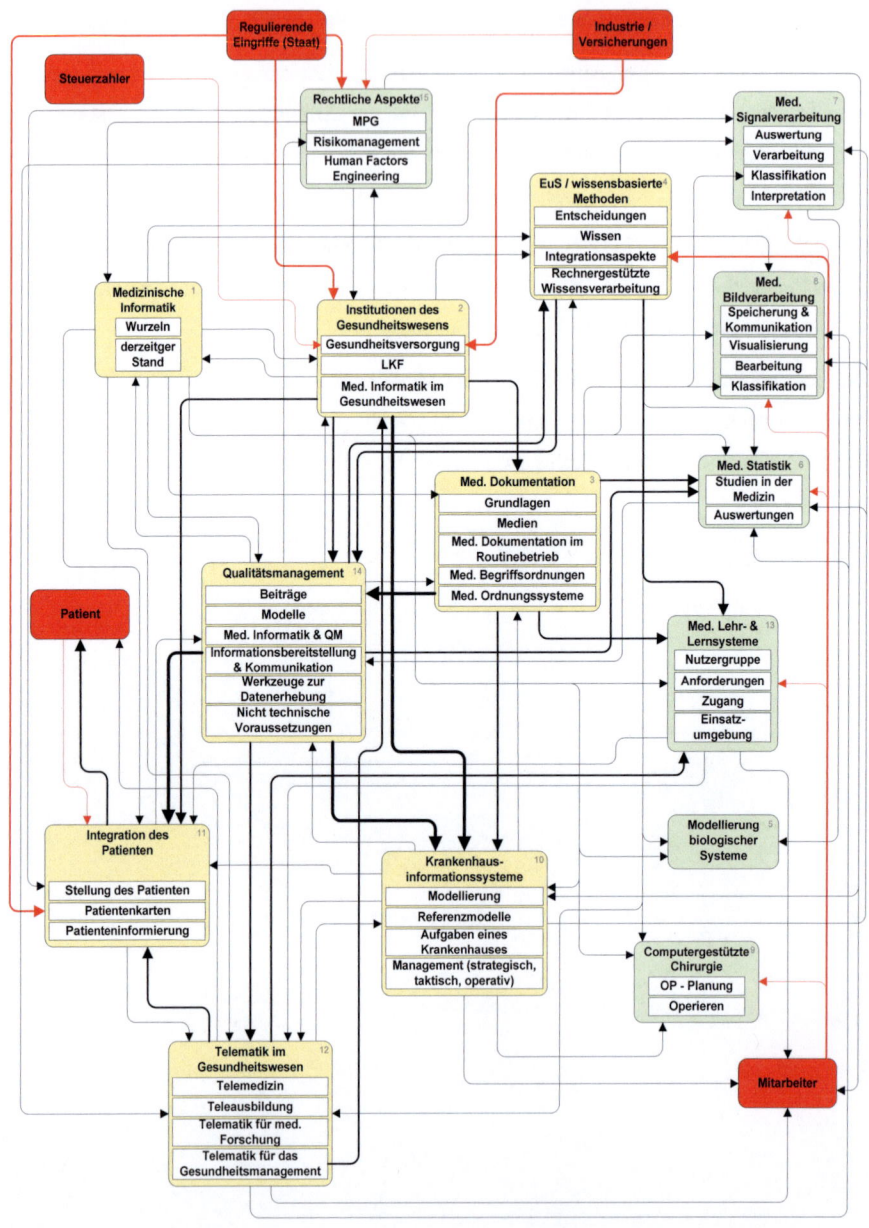

Abbildung 11: Sensitivitätsmodell „IT - Projektmanagement im Gesundheitsbereich" (eigene Darstellung)

Die Aktiv- und Passivsummen der einzelnen Variablen sind in der folgenden Tabelle dargestellt.

Wirkung von ↓ auf →	1	2	3	4	5	6	7	8	9	10	11	12	13	14	15	P	S	R	I	M	Aktivsumme
1	■	1	1	1	1	1	1	1	1	1	1	1	1	1							13
2	1	■	2	1						3	2			2	1						12
3			■	1		2	1	1		2			2	3							12
4				■	1	1	1	1	1			1	2	2							10
5					■																0
6						■								1							1
7				1			■														1
8								■													0
9									■												0
10			1			1	1	1	1	■	1	1		1						1	9
11											■	1		1	2						4
12		2			1		1			1	2	■	2		1					1	11
13											1	1	■							1	3
14	1	1	1	2		2				3	3	2		■	1						16
15	1	1								1	1	1			■					1	6
P												1				■					1
S		1															■				1
R		2								2				2				■			6
I		2												1					■		3
M				2		1	1	1	1				1							■	7
Passivsumme	3	10	5	7	3	9	5	6	4	11	14	8	8	11	5	3	0	0	0	4	

Tabelle 2: Aktiv- und Passivsummen (eigene Darstellung)

P   … Patient

S   … Steuerzahler

R   … Regulierende Eingriffe (Staat)

I   … Industrie / Versicherungen

M   … Mitarbeiter

Daraus lässt sich die grafische Einflussanalyse ableiten:

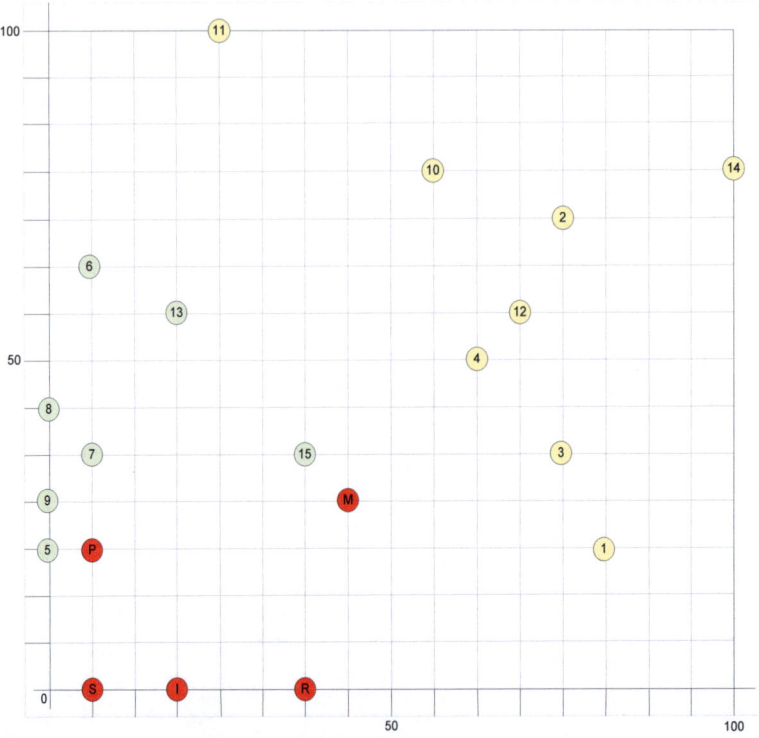

Abbildung 12: Grafische Einflussanalyse (eigene Darstellung)

Eine Analyse der Sensitivität des jeweiligen Bereiches erfolgt – wie bereits erwähnt – jeweils zusammenfassend im Anschluss an die Betrachtungen aus Sicht des Projektmanagements in den einzelnen Kapiteln.

6. MEDIZINISCHE INFORMATIK

Der Einsatz von Konzepten und Techniken der Informatik und Informationstechnologie hat in der Medizin eine große, kontinuierlich zunehmende Bedeutung. Medizinische Versorgung auf qualitativ hochwertigem Niveau ist heute ohne die systematische Informationserfassung, -aufbereitung und -verarbeitung nicht mehr möglich. Beispiele hierfür sind Verfahren der digitalen Bildverarbeitung, ohne die keine Magnetresonanztomographien eines Patienten angefertigt oder interpretiert werden könnten; oder Datenbanksysteme zur computergestützten Archivierung von Patientenakten, die heute in fast jedem Krankenhaus eingesetzt werden [KöMe02]. Um diesen vielfältigen Anforderungen und Einsatzmöglichkeiten gerecht zu werden, hat sich in den 1970er Jahren die „medizinische Informatik" als Fachdisziplin herausgebildet [Reic70]. Sie versammelt unter einem Dach das Wissen aller Disziplinen, die zur informationstechnologischen Unterstützung der Medizin beitragen. Heute ist sie in Forschung und Lehre etabliert, ihre Methoden und Werkzeuge haben Einzug in Krankenhäuser und Arztpraxen gehalten [Reic73].

Die Rahmenbedingungen und Anweisungen für Projekte bezieht die Medizininformatik vor allem aus Konzepten der Wirtschaftsinformatik, die strategische Leitlinien vorgibt und den Projektablauf mittels Vorgaben koordinieren soll.

6.1. Begriffsdefinitionen

6.1.1. Definition „medizinische Informatik"

Hans-Jürgen Seelos definiert „medizinische Informatik" als die Wissenschaft von der Informationsverarbeitung und der Gestaltung informationsverarbeitender Systeme in der Medizin und im Gesundheitswesen [Seel97]. Sie verfolgt das Ziel, die Mediziner bei der Behandlung der Patienten zu unterstützen sowie Einrichtungen im Gesundheitswesen und diagnostische und therapeutische Geräte mit Methoden der Informationstechnologie

- zu analysieren,
- zu simulieren,
- zu entwickeln und
- zu betreiben.

In dieser Definition von Seelos werden der *interdisziplinäre* und der *anwendungsorientierte* Charakter dieses mittlerweile etablierten und eigenständigen Fachgebietes der Medizin bzw. Informatik deutlich.

6.1.2. Interdisziplinarität

Die medizinische Informatik umfasst die systematische Verarbeitung von Informationen in der Medizin durch die Modellierung von informationsverarbeitenden Systemen, wobei eigenständige Methoden aus den Fachdisziplinen

- der Informatik (z.B. Laufzeitoptimierung von Algorithmen zur Echtzeitanwendung)
- der Mathematik (z.B. Kryptographie zur Datenverschlüsselung)
- der Biometrie (z.B. Kaplan-Meier-Statistiken zur Analyse von Überlebenszeiten)
- der Ingenieurswissenschaften (z.B. Systementwicklung für einen Chirurgieroboter)
- der Naturwissenschaften (z.B. Strömungslehre zur Blutflussmessung)
- der Wirtschaftswissenschaften (z.B. Budgetierung der Krankenhausleitung)
- der Rechtswissenschaften (z.B. Mehrfachzeichnung von Arztbriefen) sowie
- der medizinischen Informatik selbst (z.B. Visualisierungstechniken zur Operationsplanung)

angewandt werden und die praktische Systemrealisierung wesentlich durch den Einsatz von Computern erfolgt.

6.1.3. Anwendungsorientierung

Durch die Anwendung formaler Methoden und Konzepte der Wirtschaftsinformatik und den Einsatz moderner Informations– und Kommunikationstechnologien unterstützt die medizinische Informatik

- Struktur
- Prozess
- Ergebnis und
- Präsentation

der Gesundheitsversorgung sowohl in theoretischen, vor allem aber auch in praktischen Aspekten.

Entsprechend breit gefächert sind die Anwendungsgebiete der modernen medizinischen Informatik, die von der Krankenhausverwaltung, der Patientenbetreuung und –pflege, der Diagnostik und Therapie, der Ausbildung von Ärzten und Pflegern bis hin zur Unterstützung der Kommunikation zwischen allen Beteiligten reichen.

6.2. Derzeitiger Stand der medizinischen Informatik

Hier soll kurz ein Einblick in verschiedene Bereiche der medizinischen Informatik gegeben werden, um die breite Fächerung dieses Gebietes aufzuzeigen. Die für das Thema dieser Arbeit relevanten Bereiche werden zu späteren Zeitpunkten ausführlicher behandelt, die anderen Punkte der Vollständigkeit erwähnt.

Modellierung biologischer Systeme. Humanbiologische Prozesse (z.B. Wachstum, Degeneration, Stoffwechsel, Transport) können approximativ mit einfachen mathematisch-physikalischen Modellen beschrieben werden, wenn sie einer Messung zugänglich sind. Diese abstrakten Modelle dienen dann der Prozesssimulation, auf deren Basis die Entwicklung von Geräten der Medizintechnik erfolgt. Zum Beispiel haben numerische Strömungsmodelle erst in den letzten zehn Jahren die weitere Perfektionierung mechanischer Herzklappen ermöglicht. Mit der Entschlüsselung des menschlichen Genoms ist in den letzten Jahren ein deutlicher Trend von der biomedizinischen Systemtechnik zur biomedizinischen Informatik als Anwendung der humanbiologischen Prozesssimulation zu verspüren [BeMu97]

Medizinische Robotik. Eine der ersten Anwendungen der medizinische Robotik war die Neuronavigation, bei der präoperative Bilddaten des Gehirns (z.B. Magnetresonanztomographie) mit der aktuellen Position des Operationsinstrumentes korreliert wurden. Anfang der 1980er Jahre etablierte sich für diese Systeme die Bezeichnung CAS (computer aided surgery) [Klim96].

Integration des Patienten in medizinische Informationsflüsse. Anläßlich eines NATO-Workshops über medizinische Dokumentation fragte 1997 der bekannte amerikanische Arzt und Medizininformatiker Larry Weed seine Zuhörer: „Wen interessiert eigentlich die Krankengeschichte am meisten?" Er gab selbst die Antwort: „Den Patienten" [BeMu97] Tatsächlich ist die Medizinische Informatik bis heute in erster Linie ein Wissenschaftsgebiet, das sich fast ausschließlich mit Verfahren und Methoden beschäftigt, die – wenn überhaupt – erst mittelbar dem Patienten zugute kommen. Nur langsam sind Bemühungen zu verzeichnen, den Patienten in die Systeme der Informationsverarbeitung und -auswertung zu integrieren. Ein aktuelles Beispiel hierfür sind Patientenkarten, die in Deutschland bereits 1994 als administrative Versichertenkarte eingeführt wurden; die Umsetzung der „Bürgerkarte" für Österreich steht noch aus. Die Integration des Patienten in medizinische Informationsflüsse wird in Kapitel 0 behandelt.

Telemedizin. Mit Telemedizin oder, allgemeiner formuliert, Telematik im Gesundheitswesen bezeichnet man die medizinische Fernkommunikation (z.B. Videokonferenzen zur Befunddiskussion und Therapieplanung, ferngesteuertes Operieren). Obwohl telemedizinische Anwendungen heute auf vielfältigen Kommunikationstechnologien beruhen, ist die rasante Entwicklung des Internet als Motor dieser Anwendungen anzusehen. Die ersten Rechner des heutigen Internets wurden 1969 vernetzt – im Januar 2001 waren es weltweit über 100 Mio. [Zako01]. Das Kapitel 0 befaßt sich mit Telemedizin im Gesundheitsbereich.

Lehr- und Lernsysteme in der Medizin. Computerbasierte Lehr- und Lernsysteme (CBL) können multimediale Informationen integrieren. Dies bietet gerade in der Medizin große Vorteile, da hier das Expertenwissen oft nur exemplarisch deutlich gemacht werden kann [BeMu97].

Qualitätsmanagement. Qualitätsmanagement soll durch Definition, Kontrolle und Sicherung die Qualität der präventiven, ambulanten, stationären und rehabilitativen Versorgung sichern und verbessern [PiBr97]. Qualitätsmanagement stellt auch eines der Hauptkapitel dieser Arbeit dar und wird in Kapitel 0 behandelt.

6.3. Sensitivitätsanalyse – medizinische Informatik

Medizinische Versorgung auf hohem Niveau ist nur mit systematischer Informationserfassung möglich. Die Informatik im Medizinbereich unterscheidet sich in manchen Bereichen signifikant von Informatik in anderen Bereichen. Das Ziel ist, sowohl den Mediziner und die Behandlung des Patienten, als auch Einrichtungen im Gesundheitswesen zu unterstützen. Daraus ergibt sich eine sehr große Interdisziplinarität sowie eine strikte Anwendungsorientierung, die ein hohes Maß an Zusammenarbeit und Kommunikation von sehr vielen involvierten eigenständigen Fachdisziplinen erfordern. Der derzeitige Stand in der medizinischen

Informatik ist geprägt durch eine breite Fächerung verschiedener Disziplinen, die nach Experten auf vielen Ebenen verlangt.

Wie man im entwickelten Modell (Abbildung 11) erkennt, weißt die Variable „Medizinische Informatik" eine sehr hohe Aktivsumme auf, da sie – bedingt dadurch, dass die theoretischen Konzepte als Grundlage für weiterführende Arbeiten dienen – auf sehr viele Variablen des Modells Einfluss nimmt; sie dient als Ausgangsbasis für die Implementation in anderen Bereichen. Ebenso fällt die niedrige Passivsumme auf; einzig die Variablen „Institutionen des Gesundheitswesen", „Qualitätsmanagement" und „Rechtliche Aspekte" beeinflussen laut Meinung der Projektgruppe in diesem System die Medizininformatik.

7. Institutionen des Gesundheitswesens

7.1. Prinzipien der Gesundheitsversorgung

Die nachfolgend beschriebenen Prinzipien sind Rahmenbedingungen, die für das Gesundheitssystem gelten und deshalb beachtet werden müssen. Für weiterführende Informationen sei auf [HaPa00] verwiesen.

Äquivalenzprinzip. Die Beitragsbemessung des Versicherten erfolgt entsprechend dem eingebrachten Risiko. Die erbrachte Leistung entspricht der Beitragshöhe.

Solidarprinzip. Die Versicherten bilden eine Solidargemeinschaft zur kollektiven Selbsthilfe mit dem Ziel des Ausgleichs bestimmter Risiken wie Krankheitsfall, Alter und Unfall. Der Beitrag richtet sich nach dem Einkommen des Versicherten und ist unabhängig von der Art und dem Unfang der wahrscheinlich in Anspruch genommenen Leistungen.

Sachleistungsprinzip. Das Sachleistungsprinzip gewährleistet den Versicherten Sach- und Dienstleistungen. Dabei ist das Wirtschaftlichkeitsgebot zu beachten. In bestimmten Fällen hat sich der versicherte an den Krankheitskosten durch Zuzahlungen zu beteiligen [Sche95].

Kostenerstattungsprinzip. Im Falle einer Krankheit werden zunächst selbst aufgebrachte Mittel durch die jeweilige Krankenversicherung ganz oder teilweise erstattet.

Subsidiarität. Innerhalb eines Staates sind soziale Einheiten (z.B. Familie, Gemeinde) grundsätzlich eigenständig und –verantwortlich. Kann eine solche Einheit auf eigener Kraft ein Mitglied in Notsituationen nicht mehr unterstützen, so springt eine „höhere" Einheit (z.B. Staat) ein.

Generationenvertrag. Der Generationenvertrag ist ein unausgesprochener und nicht schriftlich festgelegter Vertrag zwischen der beitragszahlenden und der leistungsempfangenden Generation. Dabei verpflichtet sich die heutige Generation durch ihre Beiträge die Leistungen für die vorausgehende Generation zu sichern. Dies geschieht in der Erwartung, dass die folgende Generation die gleiche Verpflichtung übernimmt.

7.2. Grundzüge der LKF[5] in Österreich

7.2.1. Einleitung

Die hohen Kostenzuwächse – wie bereits in einleitend Kapitel 0 erwähnt – der Krankenanstalten in den 80er und 90er Jahren und die Intransparenz in den Finanzierungsströmen haben zur Forderung nach einem neuen Krankenanstaltenfinanzierungssystem in Österreich geführt. Nach Pilotversuchen in den 80er Jahren und dem Erlass eines Dokumentationsgesetzes im Jahre 1989, welches die Erfassung eines „Minimum Basic Data Set" (MBDS) für alle stationären Patienten verpflichtend vorschreibt, wurde mit der Entwicklung der „Leistungsorientierten Krankenanstaltenfinanzierung" (LKF) begonnen. Da sich in den Pilotversuchen keines der vorhandenen Systeme, wie z.B. das deutsche DRG, als geeignet erwiesen hat, wurde beschlossen, ein eigenes Finanzierungsmodell auf der Basis eigener Daten zu entwickeln [Pfei01][6].

Ein wichtiger Aspekt bei der Einführung des neuen Finanzierungssystems war es, eine möglichst hohe Akzeptanz sowohl bei den Krankenhausträgern, den Krankenhausmanagern, als auch bei den Ärzten zu erreichen. Die Struktur des Systems sollte so sein, dass eine kontinuierliche Weiterentwicklung möglich ist.

7.2.2. Die Fallpauschalen

Die Entwicklung der Fallpauschalen. Als erstes hat ein Team aus Statistikern, Medizinern und Beamten des für Gesundheit zuständigen Ministeriums begonnen, in Anlehnung an das Konzept der DRGs unter Verwendung von Regressionsbäumen Fallpauschalen basierend auf dem MBDS und Kostendaten von ca. 500000 Patienten zu entwickeln. Dabei wurden nach medizinischen Gesichtspunkten Hauptdiagnosen bzw. medizinische Einzelleistungen zu Hauptgruppen zusammengefasst. Diese Hauptgruppen wurden dann mittels statistischer Verfahren auf Kostenhomogenität überprüft und falls erforderlich in weitere Gruppen aufgeteilt. Die wesentlichen Unterteilungsmerkmale waren hier einzelne oder Gruppen von Haupt- und Zusatzdiagnosen, medizinische Einzelleistungen oder Gruppen von Leistungen und Altersklassen. Die resultierenden Klassen (=Fallpauschalen) wurden wiederum einer

---

[5] Leistungsorientierte Krankenhausfinanzierung

[6] Eine allgemeine Betrachtung zu den Themen „Medizinische Begriffsordnungen" und „Medizinische Ordnungssysteme" finden sich in den Kapiteln 8.4 und 8.5

medizinischen Plausibilitätsprüfung unterzogen. Das Ergebnis dieser Analyse sind ca. 900 leistungsbezogene Diagnosefallgruppen (LDF). Die Scores der LDF sollen die Kostenrelationen wiedergeben [Pfei01].

Eine LDF ist durch folgende Kennzahlen charakterisiert (siehe Abbildung 13: „LKF-Modelle"):

- LDF-Scores = Tageskomponente und Leistungskomponente
- untere und obere Verweildauergrenze, Verweildauermittelwert
- volle Leistungskomponente und eine mittlere Tageskomponente bei 0-Tages-Patienten (Aufnahme und Entlassung am gleichen Tag)
- linearer Anstieg der LDF-Scores von 0 Tagen bis zur Verweildaueruntergrenze
- Verweildauerausreißer nach oben (degressiver Zuschlag pro Tag mit einem Minimalwert von 500 Scores bzw. 1500 Scores in der Psychiatrie)

Aufgrund der Weiterentwicklung der Datenbasis, aber auch aufgrund zahlreicher Diskussionen mit Medizinern, insbesondere mit Fachgesellschaften, wurde das Modell einer jährlichen Wartung unterzogen. Ab 2002 soll es erstmals für mehrere Jahre unverändert bleiben.

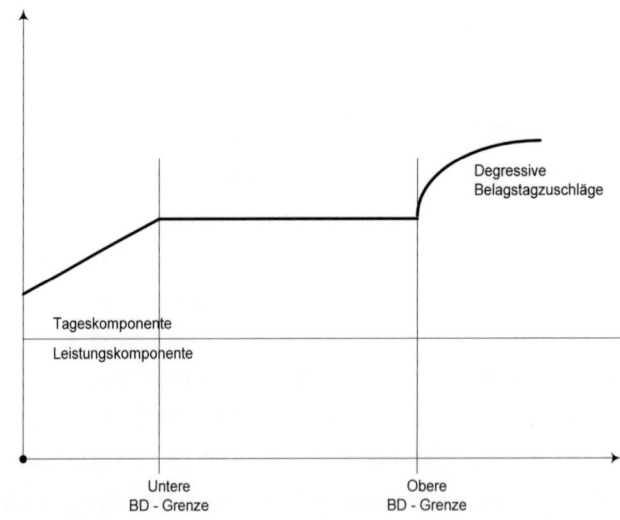

Abbildung 13: „LKF-Modelle" [Pfei01]

Grundzüge der fallpauschalierten Finanzierung. Das österreichische Modell der leistungsorientierten Diagnosefallgruppen (LDF) basiert auf der verpflichtenden Dokumentation des Minimum Basic Data Sets (MBDS) für jeden stationär aufgenommenen Patienten. Das MBDS umfasst folgende Größen [Pfei01]:

- Identifikation der Krankenanstalt
- Eindeutige Aufnahmezahl
- Funktionscode der aufnehmenden Abteilung sowie aller weiteren Abteilungen bei Verlegungen innerhalb des Krankenhauses
- Aufnahmedatum, Verlegungsdatum und Entlassungsdatum
- Aufnahmeart
- Entlassungsart
- Geschlecht
- Geburtsdatum
- Staatsbürgerschaft
- Wohnsitzstaat
- Postleitzahl des Wohnortes
- Sozialversicherung, falls diese der Kostenträger ist
- Hauptdiagnose nach ICD-10
- Zusatzdiagnosen nach ICD-10
- Medizinische Einzelleistungen (und Anzahl der Leistungseinheiten) nach einem österreichischen Leistungskatalog mit ca. 1000 Positionen

Aufgrund dieser Daten kann jeder stationäre Patient eindeutig einer Fallgruppe zugeordnet werden. Diese Dokumentation wurde 1989 verpflichtend für alle stationären Patienten eingeführt. Sowohl der Katalog der Diagnosen als auch jener der medizinischen Einzelleistungen (MEL) wurde im Laufe der Jahre modifiziert. Der Leistungskatalog war nur für die Finanzierung konzipiert und es waren daher nur teure Leistungen enthalten. Es hat sich jedoch gezeigt, dass es sinnvoll ist, auch weniger kostenträchtige Leistungen mit einer hohen Frequenz aufzunehmen. Eine internationale Harmonisierung der Dokumentation von medizinischen Einzelleistungen wird als sehr wünschenswert gesehen.

Weitere Besonderheiten des österreichischen LKF-Modells sind eine integrierte Plausibilitätsprüfung insbesondere zwischen Diagnosen und Leistungen in Ergänzung zu den Standardplausibilitätsprüfungen nach Alter und Geschlecht.

7.3. Medizinische Informatik im Gesundheitswesen

7.3.1. Einsatz von Informationstechnologie

Informationstechnologie (IT) im Gesundheitswesen beschränkt sich längst nicht mehr auf administrative Prozesse. Mittlerweile steht IT im Gesundheitswesen synonym für die operative Unterstützung von Geschäftsprozessen, für Transparenz, für Effizienzsteigerung, verbesserte Patientenversorgung und Integration. Der IT-Einsatz ist zu einem strategischen Erfolgsfaktor geworden, der im Wettbewerb und in der Positionierung im Gesundheitsmarkt eine entscheidende Rolle spielt. Umso erstaunlicher ist der häufig noch geringe Stellenwert medizinischer Systeme. Gemessen am Investitionsvolumen ist das Gesundheitswesen der drittgrößte IT-Anwendermarkt in Deutschland [Salf01]; die Zahlen für Österreich sind ähnlich. Dennoch wird im Gesundheitswesen deutlich weniger in IT investiert als in den anderen Bereichen. So werden im Gesundheitswesen 3% für IT ausgegeben, während in der Industrie zwischen 5% und 7,5% des Budgets in die IT fließen. Besonders im Krankenhausbereich scheint das Kosteneinsparungspotential von IT im alltäglichen Arbeitsablauf bedeutend zu sein: So verbringen Ärzte bis zu 35% und Pflegepersonal bis zu 50% ihrer Arbeitszeit mit der Beschaffung, Verarbeitung und Weitergabe von (verwaltungstechnischen) Informationen [Salf01].

7.3.2. Medizinische Anwendungssysteme

Während in der Vergangenheit IT hauptsächlich der administrativen Unterstützung diente, zeichnet sich ein zunehmender operativer Einsatz bis zur systematischen Optimierung ab. Die Planung, Steuerung, Optimierung und Kontrolle von Leistungserbringungsprozessen bis hin zum Workflow-Management umfasst alle Bereiche von Pflege über Diagnostik bis zur Therapie. Der Anspruch Workflow-basierter Systeme ist es, Informationen zur richtigen Zeit am richtigen Ort den richtigen Personen abteilungsübergreifend zugänglich zu machen und dadurch Arbeitsabläufe reibungsloser zu gestalten. Die Workflow Technologie besitzt ein Potential, das die EDV nicht nur im Krankenhaus langfristig und nachhaltig verändern kann, da ihr eine prozessorientierte Sichtweise zugrunde liegt, die eine Optimierung über Ressortgrenzen hinaus erlaubt [ReDa00].

7.3.3. Patientenkarten

Ein entscheidender Impuls für den IT-Einsatz im Gesundheitswesen wird von der Einführung so genannter Patientenkarten ausgehen[7]. Erste Projekte mit dem Einsatz von Smartcards haben gezeigt, dass ein sicherer Datenaustausch im Gesundheitswesen mit solchen Karten als Sicherungsinstrument die großflächige Nutzung entscheiden voranbringen wird. Komplexere Lösungen (z.B. elektronische Patientenakte) können hiermit ebenso realisiert werden. Durch Verabschiedung des Signaturgesetzes Anfang 2001 rückt die Umsetzung der Health Professional Card in greifbare Nähe. Voraussetzung sind eine Standardisierung der Verschlüsselungsprodukte für die Kommunikation zwischen den Produkten und organisatorische Abstimmungen der Körperschaften [Salf01].

7.3.4. Infrastruktur

Der operative Einsatz von IT zur Unterstützung und effizienten Gestaltung von Arbeitsabläufen ist in aller Regel akzeptiert. Die Nutzung von IT im Bereich dispositiver Systeme zur Erstellung von umfassenden Datenbanken als Grundlage für Risikostatistiken, Patientenmanagement und Kostenanalysen wird jedoch häufig noch skeptisch und als „Eingriff in die Privatsphäre" betrachtet. Als Gründe werden Datenschutz, die hohen Investitionskosten sowie die fehlenden rechtlichen Rahmenbedingungen genannt. Unterstützt wird diese Haltung durch die sektorale Aufspaltung des Gesundheitswesens und die Entwicklung eigenständiger, nicht kompatibler IT-Lösungen innerhalb einzelner Sektoren und Bereiche. Der Aufbau von Integrationsplattformen als Kommunikationsinfrastruktur zwischen inkompatiblen IT-Systemen ist daher zwingend notwendig [Salf01], [Greu00].

7.3.5. Perspektiven

Aufgrund der beschriebenen Ausgangssituation findet sich zurzeit noch keine flächendeckende Zusammenführung großer Datenmengen über eingesetzte Ressourcen und klinischen Outcomes. Instrumente wie das Benchmarking sind damit (noch) nicht sinnvoll zur Qualitätssteigerung und Kostenkontrolle einsetzbar. Der Erfolg zukunftsweisender, struktureller Veränderungen im Gesundheitswesen, wie z.B. die Einführung einer integrierten (sektorenübergreifenden) Patientenversorgung, ist jedoch von einer geeigneten Datenerfassung, -speicherung und -verarbeitung abhängig. Dazu ist der Aufbau von (idealerweise) systemüber-

---

[7] dazu folgt eine ausführliche Beschreibung im Kapitel 11.2

greifenden Daten- und Datenbankstrukturen erforderlich. Das Datenmanagement kann durch die Zusammenführung medizinischer und ökonomischer Ergebnisse zu einem wichtigen Steuerungsinstrument im Gesundheitswesen werden. Angesichts der Rahmenbedingungen und des derzeitigen Stands der IT im Gesundheitswesen wird dieser Prozess vermutlich noch längere Zeit in Anspruch nehmen [StDa02], [Greu00].

7.4. Sensitivitätsanalyse – Institutionen des Gesundheitswesens

Politische und damit auch wirtschaftliche Rahmenbedingungen spielen im Gesundheitsbereich eine wesentliche Rolle; politische Prinzipien (Solidarprinzip, Generationenvertrag,...) sind Grundlagen bei allen Entscheidungen in diesem Bereich. Durch die verpflichtende Einführung der leistungsorientierten Finanzierung mittels Fallpauschalen und dem damit verbundenen Administrationsaufwand, sowie dem zunehmenden Wettbewerb (und damit verbundenen Kostendruck) im Gesundheitsbereich muss der IT-Einsatz in diesem Sektor verstärkt werden, um neben den administrativen Prozessen auch die operative Unterstützung zur Effizienzsteigerung gewährleisten zu können. Und obwohl das Gesundheitswesen einer der größten Anwendermärkte für IT ist, wird vergleichsweise wenig in diesen Markt investiert, obwohl das Kosteneinsparungspotential bedeutend ist.

Ein weiterer – für den Gesundheitsbereich wichtiger – Faktor ist die Optimierung über Ressortgrenzen hinaus, d.h. sowohl zwischen Krankenhäusern und Institutionen des Gesundheitswesens (Kassen, niedergelassenen Ärzten,...) als auch zwischen – miteinander in „Konkurrenz" stehenden – Krankenhäusern selbst, da die Gesundheit des Patienten oberstes Ziel sein muss. Sowohl Befürchtungen der Beteiligten (wie z.B. die Verletzung des Datenschutzes) als auch die derzeit eingesetzte Infrastruktur (nicht kompatible IT-Lösungen) behindern dieses Ziel.

Das Sensitivitätsmodell (Abbildung 11) zeigt ebenfalls, dass die Variable „Institutionen des Gesundheitswesens" eine wichtige Rolle, sowohl was die Aktivsumme als auch was die Passivsumme betrifft, spielt. Sowohl auf die „Medizinische Dokumentation" (2), auf das Qualitätsmanagement (2), die Integration des Patienten (2) als auch auf die Variable „Krankenhausinformationssysteme" (3) wird aufgrund der gesetzlichen und wirtschaftlichen Vorgaben ein signifikanter Einfluss ausgeübt. Beispielsweise können sich die Aufgaben eines Krankenhauses ändern, sobald sich Änderungen in der Gesundheitsversorgung ergeben. Ebenso ändert sich die Medizinische Dokumentation im Routinebetrieb, sobald sich die gesetzlichen Rahmenbedingungen (LKF) ändert. Auffallend ist auch die hohe Passivsumme der Variable, die sich vor allem aufgrund der Einflussnahme einzelner Stakeholder (Industrie / Versicherungen, Regulierende Eingriffe und Steuerzahler) erklärt. Die beispielsweise für die Optimierung der Arbeitsabläufe wichtige Variable „Telematik" beeinflusst den Bereich der Institutionen des Gesundheitswesens ebenfalls überdurchschnittlich (2).

8. MEDIZINISCHE DOKUMENTATION

Die medizinische Dokumentation ist einer der Kernpunkte bei IT-Projekten und demzufolge im IT-Projektmanagement im Gesundheitsbereich. Sie beschäftigt sich mit dem Erfassen, Erschließen, Speichern, Ordnungen und Wiedergewinnen von medizinischen Informationen. Sie spielt eine wichtige Rolle in der Krankenversorgung, in der medizinischen Forschung und in der Gesundheitsberichterstattung. [KöEl83], [KlGr97].

In den Abschnitten wird auf die wichtigsten Aspekte dieses Bereiches eingegangen und auf diejenigen Punkte hingewiesen, die für das Projekt von Bedeutung sind.

8.1. Grundlagen medizinischer Dokumentation

Die Methoden, die Tätigkeiten und das Ergebnis des Sammelns, Erschließens, Speicherns, Ordnens, Aufbewahrens und der gezielten Wiedergewinnung (retrieval) medizinischer Informationen oder medizinischen Wissens zu spezifischen Frage– oder Aufgabenstellungen bezeichnet man als medizinische Dokumentation [KlGr97], [LeGa99].

Sie ist sowohl in der Krankenversorgung als auch in der medizinischen Wissenschaft notwendig, da jede wissenschaftliche Erkenntnis – empirisch oder theoretisch – dokumentiert und nachvollziehbar hergeleitet werden muss. Man unterscheidet drei Hauptbereiche [Koll75]:

- Die patientenbezogene Dokumentation mit Einzelbeobachtungen liegt meist in Form einer Patientenakte vor und enthält Daten (Stammdaten, Befunde, Diagnosen, Therapien,…) eines Einzelfalles und mehrerer Fälle zu einer Patientenakte.

- Die Gesundheitsberichterstattung umfasst Daten (medizinische, sozialmedizinische,..) sowie Informationen zum Gesundheitssystem. Diese Informationen beruhen in vielen Teilen auf anonymisierten und aggregierten Daten aus der patientenbezogenen Dokumentation.

- Die Dokumentation des medizinischen Wissens erfolgt in Form von Fachliteratur, Fakten– und Wissensbanken mit den zugehörigen Diensten zum Informations-Retrieval. Diese Dokumentation ist primär patientenunabhängig

Ziele medizinischer Dokumentation. Allgemeines Ziel der patientenbezogenen medizinischen Dokumentation ist es, berechtigten Personen – und nur ihnen (Datenschutz!) – alle relevanten Informationen zu einem oder mehreren Patienten und den zugehörigen Behandlungen bereitzustellen; und zwar

- zum richtigen Zeitpunkt,
- am richtigen Ort und
- in der richtigen Form.

Nach Aufgabengebiet lassen sich in den verschiednen Anwendungsbereichen unterschiedliche Schwerpunkte bei den Anforderungen und Zielen der patientenbezogenen Dokumentation unterscheiden.

Patientenversorgung. Im Rahmen der Patientenversorgung ist das wichtigste Ziel der medizinischen Dokumentation die wirkungsvolle Unterstützung der medizinischen Versorgung des einzelnen Patienten. Zur Unterstützung der Organisation werden z.B. angeordnet Untersuchungen und deren Termine, therapeutische Anordnungen oder Wiedervorstellungstermine festgehalten. Die Dokumentation dient als Kommunikationsmedium zwischen allen Personen, die an der Versorgung des Patienten beteiligt sind. Nach der ärztlichen Berufsordnung müssen in der medizinischen Dokumentation die Indikation und die Ergebnisse aller ärztlichen Maßnahmen festgehalten werden.

Administration. Im administrativen bereich unterstützt die medizinische Dokumentation die Abrechnung und das Controlling. Durch die Umstellung auf eine leistungsorientierte Abgeltung der Kosten steigen die Anforderungen an die medizinische Dokumentation [Zaiß97]. Damit gewinnt die Teilaufgabe des Dokumentationssystems, abrechnungsrelevante Informationen über die erbrachten Leistungen vollständig, rechtzeitig und zuverlässig zu liefern, eine große Bedeutung. Zu den Managementaufgaben von medizinischen Einrichtungen gehören die Kontrolle, Steuerung und Planung des Betriebsgeschehens (Controlling). Durch die medizinische Dokumentation können die Kosten für Leistungen den Leistungserbringern (z.B. Labor, Röntgen, OP-Bereich) und den Leistungsempfängern (z.B. Station, Ambulanz, Praxis) zugeordnet werden. Damit wird die Transparenz des Leistungsgeschehens erhöht. Administratives Ziel der medizinischen Dokumentation ist also die verbesserte Steuerung und Planung des Betriebes.

Rechtlicher Bereich. Im rechtlichen Bereich unterstützt die medizinische Dokumentation gesetzlich vorgeschriebene Aufgaben und muss selbst rechtlichen Anforderungen genügen.

Für rechtliche Auseinandersetzungen müssen sowohl die medizinische Dokumentation als auch das eingesetzte Dokumentationssystem bestimmte Qualitätskriterien erfüllen, die z.B. in der ärztlichen Berufsordnung oder im Krankenanstaltengesetz (KAG) festgelegt sind. In diesem Sinn ist die medizinische Dokumentation Pflichtaufgabe des Arztes mit Urkundencharakter und muss für andere befugte Personen lesbar und nachvollziehbar sein.

Qualitätsmanagement. Das Qualitätsmanagement wird ebenfalls durch die medizinische Dokumentation unterstützt [PiSe96]:

- *retrospektiv* können bestimmte Krankheitsverläufe für eine kritische Reflexion und Evaluation (medical audit) bereitgestellt werden;

- *prospektiv* können definierte Behandlungsfälle für eine geplante, systematische Qualitätsbeobachtung (quality monitoring) selektiert werden.

Lehre. Die Aus–, Fort– und Weiterbildung in medizinischen berufen und Berufsfeldern wird von der medizinischen Dokumentation durch die Bereitstellung von sog. Kasuis-Taktiken unterstützt. Diese erlauben einerseits eine exemplarische, realistische Simulation eines Behandlungsfalles und andererseits eine nachträgliche, kritische Bewertung der bei einem Patienten durchgeführten Handlungen.

Forschung. Das Ziel der klinisch-wissenschaftlichen Forschung ist es, die Erfahrungen aus der Versorgung einzelner Patienten zu verallgemeinern und daraus neue Erkenntnisse zu gewinnen. Auch dieses Ziel wird durch die medizinische Dokumentation unterstützt. Sie kann Daten zur retrospektivischen Analyse bestimmter Behandlungsfälle bereitstellen, um neue Ansätze für eine Verallgemeinerung zu finden und daraus Hypothesen für neue Studien zu generieren.

8.2. Medien der medizinische Dokumentation

Die konventionelle Patientenakte besteht physisch meist aus einem oder mehreren Heftordnern. Da heute immer mehr Dokumente elektronisch erzeugt werden und somit elektronisch verfügbar sind, erfolgt die Dokumentation vermehrt als elektronische Patientenakte. Bedingt durch den hohen organisatorischen und finanziellen Aufwand sowie der Schnittstellenproblematik zwischen den verschiedenen befunderzeugenden (Rechner–) Systemen gibt es häufig Kombinationen von konventioneller und elektronischer Aktenführung (hybride Aktenführung) [LeGa99].

8.2.1. Konventionelle Patientenakte

Einzeldokumente zu einem Patienten stammen aus verschiedenen Quellen zu verschiedenen Zeitpunkten. Für die Zusammenführung aller Dokumente zu einer Patientenakte müssen alle Einzeldokumente eine eindeutige Patientenidentifikation enthalten, die in der Regel von einem Patientenverwaltungssystem als Patientenidentifikationszahl (patient identifier, PatId) vergeben wird und für alle Beteiligten verbindlich ist. Name und Geburtsdatum reichen dazu nicht aus, da sich der Name ändern kann oder die Daten falsch erfasst werden können und dann im Nachhinein geändert werden müssen. Im Krankenhaus ist zu beachten, dass die PatId abteilungsübergreifend ist. Meistens werden mehrere Behandlungsabschnitte zu einer Patientenakte zusammengefasst, so dass diese sehr umfangreich und komplex werden kann.

Zur Patientenakte gehören alle Daten und Dokumente, die im Zusammenhang mit der medizinischen Versorgung eines Patienten in einer Einrichtung erhoben und erstellt werden. Jede Patientenakte gliedert sich in eine Reihe von Teildokumenten (z.B. Anamnese, Befunddokumentation, Pflegedokumentation, Arztbrief, externe Dokumente,..) mit unterschiedlichen Aufgaben und Eigenschaften.

8.2.2. Elektronische Patientenakte

Die elektronische Patientenakte deckt im Idealfall die gesamte ärztliche (klinische) Dokumentation ab und verfolgt somit alle Ziele der patientenbezogenen medizinischen Dokumentation (vgl. Kapitel 8). Der Begriff selbst hat heute noch keine einheitliche Bedeutung und reicht von der „weltweit einzigen elektronischen Akte" bis hin zu Teillösungen, bei denen nur eine einzige Befundart (z.B. Laborwerte) den behandelnden Ärzten elektronisch zugänglich gemacht wird [ScOh98], [Prok01]

Die elektronische Patientenakte ist ein wichtiger und integraler Bestandteil von Krankenhausinformationssystemen (KIS) und ohne ein zentrales Patientenverwaltungssystem (PVS) ist eine elektronische Patientenakte unmöglich. Nur eine eindeutige, unveränderbare und lebenslang gültige PatId sichert die korrekte Zuordnung aller Einzelbefunde zur elektronischen Patientenakte des Patienten. Einer der Hauptvorteile ist die zeitgleiche Zuverfügungstellung an mehreren Orten und die Tatsache, dass sie praktisch nicht verloren gehen kann. Eines der Hauptrisiken ist die korrekte Identifikation des Patienten bei Wiederaufnahme in das Krankenhaus. Der augenscheinlichste Nachteil ist die durch die hohe Technikabhängigkeit verursachten Investitionskosten für ausfallsichere Lösungen im Bereich der Informationstechnologie. Der Urkundencharakter muss zwecks Beweissicherung sichergestellt werden.

8.2.3. Aktenarchiv

Nach der gesetzlich vorgeschriebenen Aufbewahrungsfrist müssen Patientenakten 30 Jahre lang aufbewahrt werden [Bäum98]. Die Zugriffshäufigkeit auf Akten, die längere Zeit nicht mehr benötigt worden sind, sinkt bereits nach zwei Jahren erheblich. Um eine Aufbewahrungsfrist von 30 Jahren sicherzustellen, werden die „Altakten" oft in ein Altaktenarchiv ausgelagert, d.h. mikroverfilmt und/oder digital-optisch archiviert.

Sinnvollerweise ist die Archivierungssoftware ebenfalls integraler Bestandteil des KIS und arbeitet eng mit dem PVS zusammen.

8.3. Medizinische Dokumentation im Routinebetrieb

8.3.1. Klinische Basisdokumentation

Die klinische Basisdokumentation (minimum basic dataset, MBDS) ist eine standardisierte Dokumentation weniger, jedoch besonders wichtiger, Merkmale aller Behandlungsfälle (horizontale Dokumentation). Die ist demnach für jeden Behandlungsfall ausnahmslos einheitlich, fachgebietsübergreifend und unabhängig von der Art der Erkrankung oder der durchgeführten Maßnahmen in stets gleicher Art und Weise zu erbringen [LeGa99]. Als Merkmale beinhaltet sie:

- wesentliche Patientendaten (PatId, Alter, Geschlecht,..)

- minimale Falldaten (Aufnahmedatum, Entlassungsdatum, Verweildauer,..)

- Diagnosen (Aufnahme–, Verlegungs–, Entlassungsdiagnosen) und

- besonders wichtige medizinische Maßnahmen (Prozeduren), ggf. ergänzt um

- wenige, fest definierte Merkmale des Behandlungsfalls (z.B. Beatmungszeit,..)

Die wesentlichen Anstöße zum Ausbau der klinischen Basisdokumentation kamen zunächst aus der Wissenschaft, später vermehrt durch spezielle gesetzliche Vorschriften. Auf europäischer Ebene wurden mit dem MBDS einheitliche Merkmale für die ambulante und stationäre

Basisdokumentation vorgeschlagen [Roge82]. Die Motivation zur Durchführung der klinischen Basisdokumentation ergibt sich aus folgenden Anforderungen und Vorteilen [ZaGr02]:

- *Gesetzeskonformität* (LKF System, Finanzierung des Krankenhauses)
- *Qualitätssicherung*
- *Unterstützung der Administration* (Bereitstellung von Betriebsstatistiken für das Controlling)
- *Unterstützung der Patientenversorgung* (Informationen über den Patienten sind vorhanden und jederzeit abrufbar)
- *Unterstützung von Lehre und Forschung* (Zugriff auf Unterlagen nach bestimmten Kriterien)

Optimal für die Datenerfassung ist eine zeitnahe Eingabe am Ort der Datenentstehung direkt in das entsprechende Anwendungssystem zur klinischen Basisdokumentation, wobei die Daten gleich auf Plausibilität geprüft und ggf. korrigiert werden. Die setzt jedoch eine weit entwickelte Infrastruktur voraus (eines der Ziele des umgesetzten und im Anhang kurz beleuchteten Projektes).

Um Patienten mit bestimmten Diagnosen und/oder Therapien zuverlässig wiederfinden zu können und um statistische Auswertungen zu ermöglichen, müssen freitextliche Merkmale der klinischen Basisdokumentation mit Hilfe eines Ordnungssystems verschlüsselt werden (siehe dazu Abschnitt 8.4). Gesetzlich vorgeschrieben ist eine Kodierung der Diagnosen nach ICD10 und der Prozeduren nach KAME2002 (bis 31.12.2002) bzw. KAME2003 (seit 1.1. 2003).

Jede klinische Basisdokumentation ist in regelmäßigen Abständen nach den bereits vorgestellten Kriterien auf ihre Qualität zu prüfen (Vollzähligkeit, Vollständigkeit, Richtigkeit,...)

8.3.2. Weitere klinische Dokumentationen.

Es gibt eine Unzahl von weiteren Dokumentationsarten, die im klinischen Alltag auftreten [ZaGr02]:

Befunddokumentation. Im Gegensatz zu einer standardisierten Dokumentation enthält die Befunddokumentation sämtliche Einzelbefunde des Patienten. Ihre Struktur ist je nach Befundart höchst unterschiedlich.

Verlaufsdokumentation. Wesentliche Merkmale eines jeden Befundes sind der Patientenbezug und der Zeitpunkt der Befunderstellung. Die Darstellung einzelner oder mehrerer Merkmale in ihrem zeitlichen Verlauf hat einen höheren Informationsgehalt als isolierte Einzelwerte (z.B. Fieberkurve).

Pflegedokumentation. Die Pflegedokumentation muss vor dem Hintergrund einer sehr vielschichtigen Nutzung durch Pflegende, Ärzte und andere Beteiligte eines multidisziplinären Teams auch als Hilfsmittel der Abrechnung und strategischen Planung einer Einrichtung oder sogar als Beweismittel im Fallen von Haftungsprozessen gesehen werden [Schr00]. Der IT-Einsatz in der Pflege ist inzwischen in den meisten Häusern selbstverständlich geworden. Allerdings wird die primäre Aufgabe der Pflegenden, nämlich der Pflegeprozess selbst, bisher nur selten durch IT unterstützt. Jedoch steigt das Interesse der Verwaltung an einer IT-Unterstützung der Pflege, um mehr Transparenz des Kosten– und Leistungsgeschehens im Pflegebereich zu erhalten [PaSc96]

OP-Dokumentation. Aufgrund der gesetzlichen Vorgaben und der hohen Kosten für eine Operation (OP) werden im OP-Bereich in hohem Maße OP-Dokumentationssysteme eingesetzt. Diese unterstützen die OP-Planung, optimieren die Auslastung von OP-Räumen und helfen bei der OP-Dokumentation, der Qualitätssicherung und der Leistungserfassung. Wesentliche Parameter (z.B. Schnitt/Naht-Zeit, Personal–, Materialeinsatz) werden meist direkt vor Ort erfasst; ebenso wie die gesetzlich vorgeschriebene Erfassung der codierten Diagnosen und Prozeduren. Weitere Komponenten sind die OP-Berichtschreibung sowie ein Berichtswesen mit statistischen Auswertemöglichkeiten für die Qualitäts- und Kostenkontrolle

Intensivdokumentation. In diesem Bereich liegt ein wesentlicher Schwerpunkt auf der Überwachung (monitoring) des Patienten.

Qualitätssicherung. Durch gesetzliche und berufsständische Vorschriften besteht die Pflicht, eine angemessene Qualität der medizinischen Versorgung zu sichern. Die Qualitätssicherung durch die Basisdokumentation kann Anstoß sein, ergänzende, detaillierte und fachspezifische Qualitätssicherungsmaßnahmen durchzuführen. Mehr Infos zur Qualität im Gesundheitswesen werden im Kapitel 0 behandelt.

8.3.3. Nutzungspotentiale der klinischen Basisdokumentation

In Abbildung 14: „Datenfluss und Nutzungspotentiale von codierten Daten der klinischen Basisdokumentation" sind verschiedene Nutzungsfelder und -potentiale codierter medizinischer Daten aus der klinischen Basisdokumentation, ihr Datenfluss und ihre Abhängigkeiten in einer Gesamtübersicht zusammengefasst. Die multiple Verwendung der codierten Daten wird in der Mitte der Pyramide dargestellt. Zielkonflikte auf Grund der verschiedenen, sich überschneidenden Anwendungsbereiche und den damit verbundenen unterschiedlichen Nutzungsanforderungen werden durch die Links/Rechts-Teilung der Pyramide und die unterschiedlichen Schraffuren angedeutet. Dieses komplexe System muss natürlich auch in seinem zeitlichen Verlauf betrachtet werden [LeMe02].

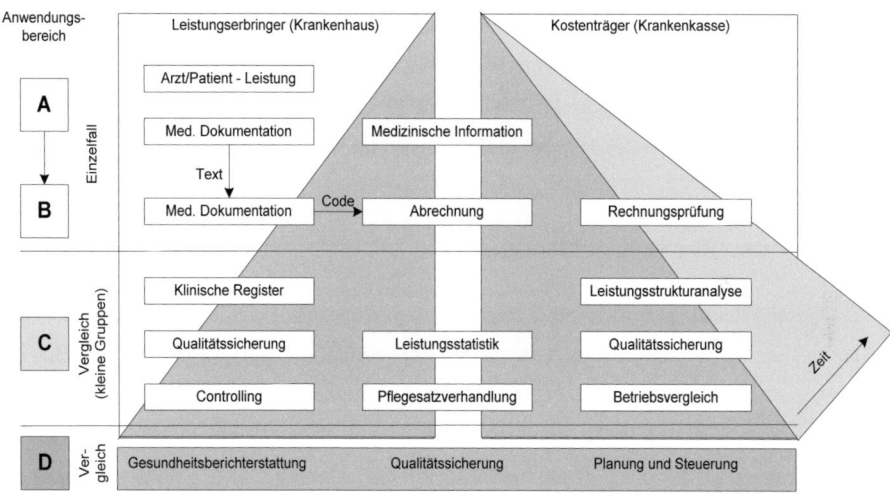

Abbildung 14: „Datenfluss und Nutzungspotentiale von codierten Daten der klinischen Basisdokumentation" [LeMe02]

Es können vier wesentliche Anwendungsbereiche abgegrenzt werden, die vom medizinisch und administrativ relevanten Einzelfall (A oder B) über statistische Vergleiche kleiner Gruppen mit Zugriffsmöglichkeit auf den Einzelfall (C) zur anonymen statistischen Analyse von umfassenden Daten aus dem Gesundheitswesen (D) führen.

A: Der medizinische Bereich umfasst die Leistungserbringung, freitextliche Dokumentation, Verschlüsselung und codierte Dokumentation für verschiedene Anwendungszwecke (z.B. Patientenversorgung, Abrechnung, Qualitätsmanagement, Forschung,...)

B: Der administrative Bereich beinhaltet das Bestimmen der Abrechnungskategorie des aktuellen Entgeltsystems auf Basis der primären Leistungsverschlüsselung sowie die Rechnungsprüfung.

C: Eine vergleichsorientierte Nutzung der Daten kann in verschiedenen Bereichen erfolgen, Hierzu zählen z.B.:

- Administration
- Controlling und Budgetierung
- Qualitätsmanagement
- Forschung und Lehre

D: Die Gesundheitsberichterstattung umfasst eine aktuelle statistische Darstellung von medizinischen, sozialen und ökonomischen Sachverhalten und zeitlichen Entwicklungen zur Nutzung für gesundheitspolitische Zwecke, zur Planung und Steuerung der Ressourcen und zur effektiven Mittelverwendung bei gleichzeitiger Qualitätssicherung.

8.4. Medizinische Begriffsordnungen

Ordnungssysteme für medizinische Begriffe (Begriffssysteme) werden benutzt, um Begriffe anhand definierter Kriterien und Regeln zu systematisieren und mit natürlichsprachlichen Ausdrücken in Beziehung zu setzen, Nur so ist es möglich, aus medizinischen Datenbanken und Dokumentationskollektionen (z.B. medizinische Basisdokumentation, Patientenakte, Fachliteratur) gezielt Dokumente und Fakten wiederzufinden und zu klassifizieren, die bedeutungsverwandt, aber sprachlich unterschiedlich beschrieben sind. Fragen der Kategorisierung von Objekten sowie zur Bildung und Beschreibung von Begriffen sind in den meisten Lebensbereichen relevant. Es gibt daher unterschiedliche Herangehensweisen zur Ordnungslehre [Kümm99].

Ordnungssysteme sind meist hierarchisch aufgebaut, d.h. es gelten zwischen je zwei Begriffen keine oder nur hierarchische Begriffsbeziehungen. In einem monohierarchischen oder streng hierarchischen Ordnungssystem dürfen Begriffe nur je einem Oberbegriff untergeordnet sein; in einem polyhierarchischen Ordnungssystem sind es mehrere. Je nach Anzahl der semantischen Achsen unterscheidet man monoaxiale (Begriffe werden nach einer Achse – von Allgemeinen zum Besonderen – geordnet) und multiaxiale Systeme (die Ordnung erfolgt nach mehreren Bezugssystemen).

Ordnungssysteme weisen mehrere Eigenschaften auf:

Eindeutigkeit. In monohierarchischen, monoaxialen Begriffssystemen werden Mehrfachzuordnungen konsequent verhindert. Dies führt jedoch auch dazu, dass plausible Mehrfachzuordnungen (z.b. „Meningitis" als „Entzündung" und als „Erkrankung des Nervensystems") künstlich unterbunden werden müssen. Diese Einschränkung beseteht nicht, wenn Polyhierarchien zugelassen werden. In multiaxialen Systemen kann Eindeutigkeit nicht garantiert werden, da komplexere Sachverhalte in mehreren Varianten codiert werden können [InGi98]

Inkonsistenz und Redundanz. Multiaxiale Systeme haben den Vorteil, dass sie durch die Kombination von Codes eine sehr differenzierte Kodierung erlauben. Hierin sind sie allen anderen Systemen überlegen [Hump97]. Nachteile solcher Systeme sind darin zu sehen, dass durch Postkoordination einerseits inkonsistente und andererseits redundante Koderungen nicht verhindert werden. Dies mag mit ein Grund sein, dass multiaxiale Ordnungssysteme bis heute nicht die erhoffte Akzeptanz gefunden haben. Zudem ist eine reichhaltigere Sprache (z.B. Boolesche Operatoren und Relationen) zur Repräsentation der Sachverhalte nötig.

Statistische Auswertbarkeit. Für statistische Klassifikationen (z.B. ICD) ist eine monohierarchische Struktur zwingend erforderlich, da ansonsten eine statistische Auswertung entsprechend codierter Sachverhalte nicht mehr möglich ist. Bei der Zuordnung zu mehr als einem Oberbegriff würden codierte Sachverhalte mehrfach „gezählt" werden.

Kombinatorische Explosion. Umfangreiche Gegenstandsbereiche können nicht monohierarchisch monoaxial abgebildet werden, da sonst die Anzahl der nötigen Einträge explodiert.

8.5. Medizinische Ordnungssysteme und deren Anwendung

Es gibt eine große Anzahl von medizinischen Ordnungssystemen, die laufend an wissenschaftliche, technologische, sprachliche und gesetzliche Veränderungen angepasst werden [Kümm99], [Grau00]; wie z.B.:

- internationale Klassifikation der Krankheiten (ICD)
- Katalog medizinischer Einzelleistungen (KAME)
- internationale Klassifikation der Prozeduren in der Medizin (ICPM)
- Operationsschlüssel nach §301 SGB V (OPS301)
- Internationale Klassifikation der Krankheiten für die Onkologie (ICD–O)

- Klassifikation maligner Tumore (TNM)
- International Classification of Nursing Practice (CNP)
- International Classification of Functioning, Disability and Health (ICF)
- Systematisierte Nomenklatur der Medizin (SNOMED)
- Medical Subject Headings (MeSH)
- Unified Medical Language System (UMLS)

Für weiterführende Informationen sei auf [Grau00] und [Kümm99] verwiesen. Für die Umsetzung des Projektes waren vor allem die Klassifikationen ICD und KAME maßgebend; stellvertretend für alle soll die ICD Klassifikation kurz vorgestellt werden.

Die **ICD** ist die wichtigste, weltweit anerkannte Diagnosenklassifikation der Medizin. Sie wurde erstmals 1893 als Internationales Todesursachenverzeichnis veröffentlicht. Seit 1948 erfolgte eine zunehmende Weiterentwicklung der ICD für Dokumentationszwecke, für Morbititätsstatistiken und teilweise auch für Abrechnungszwecke. Mit der 1976 beschlossenen 9. Revision (ICD9: International Statistical Classification of Diseases, Injuries and Causes of Death) wurde der Umfang erheblich erweitert. Da die ICD9 nach Struktur und Inhalt dem aktuellen medizinischen Wissen Ende der 1980er Jahre nicht mehr standhielt, hat die WHO die Empfehlungen der 10. Revisionskonferenz (ICD10) angenommen und veröffentlicht [WHO92].

Die ICD10 ist eine einachsige, monohierarchische Klassifikation mit

- einer *dreistelligen allgemeinen Systematik* (DAS, z.B. „A95.–": „Gelbfieber") und
- einer feineren *vierstelligen ausführlichen Systematik* (VAS, z.B. A95.0: „Buschgelbfieber")

mit gelegentlichen weiteren Verfeinerungen auf fünf Stellen. Ihre Notation ist alphanumerisch: Die erste Stelle ist ein Buchstabe, an zweiter bis fünfter Stelle stehen Ziffern, und die vierte Stelle ist durch einen Punkt abgetrennt.

8.6. Sensitivitätsanalyse – medizinische Dokumentation

Die medizinische Dokumentation ist einer der Kernpunkte bei IT-Projekten in diesem Bereich, da sie nicht nur der Krankenversorgung und der medizinischen Forschung, sondern vor allem auch der Gesundheitsberichterstattung und der Dokumentation des medizinischen Wissens dient. Das Ziel ist neben der Patientenversorgung, wo sie hauptsächlich als Kommunikationsmedium dient, auch eine Unterstützung der Abrechnung und des Controllings in der Administration, um Kosten erfassen zu den Leistungserbringern zuordnen zu können. Ebenso gilt es, im rechtlichen Bereich den Urkundencharakter der Dokumente (zur Beweissicherung) zu wahren und den Arzt bei seiner Pflichtaufgabe der Dokumentation zu unterstützen. Für Forschung und Lehre gilt es, gesammelte Dokumente zur Verfügung zu stellen und damit neue Erkenntnisse zu gewinnen.

Dokumentationsqualität ist aus oben genannten Gründen (Patientendokumentation, Forschung, gesetzliche Verpflichtungen) gerade in der Medizin sehr wichtig; allerdings setzt eine vollständige elektronische Patientenakte einen sehr hohen organisatorischen und finanziellen Aufwand voraus (Schnittstellenproblematik,…), da eine elektronische Patientenakte im Idealfall die gesamte ärztliche Dokumentation abdeckt (Befunde, Bilder, …). Die dadurch entstehende hohe Technikabhängigkeit und die möglichst zeitnahe Eingabe am Ort der Datenentstehung verursachen hohe Investitionskosten. Ebenso setzt die vielschichtige Nutzung der Dokumente durch alle im Krankenhaus involvierten Berufsgruppen, sowie der Administration (zur Abrechnung, strategischen Planung, Beweismittel,…) eine weit entwickelte Infrastruktur voraus.

Die Anwendungsbereiche der Dokumentation erstrecken sich dabei vom Einzelfall, über Gruppen bis hin zu anonymen, statistischen Daten.

Die Medizinischen Begriffsordnungen setzen Eindeutigkeit und statistische Auswertbarkeit der Dokumentation voraus; in Bereichen mit hohen Kosten (OP-Bereich) beispielsweise ist eine exakte Dokumentation nach den vorgegebenen Begriffe unabdingbar, um einerseits den gesetzlichen Anforderungen zu genügen und andererseits dafür monetäre Leistungen zu erhalten.

Im Sensitivitätsmodell (Abbildung 11) ist zu sehen, dass zwar die Aktivsumme der Variable eher hoch ist (12), die Passivsumme auf den Untersuchungsbereich gesehen aber vergleichsweise gering (5). D.h. die medizinische Dokumentation beeinflusst einerseits die Variablen „Qualitätsmanagement" (3), „Statistik" (2), „Lehrsysteme" (2) und „Krankenhausinformationssysteme" (2) überdurchschnittlich, da alle diese Bereiche in hohem Maße mit medizinische Dokumentation arbeiten. Sie wird aber ihrerseits nur von der Variable „Institutionen des Gesundheitswesens" (2) überdurchschnittlich beeinflusst, das aufgrund des gesetzgebenden Charakters; der Rahmenbedingungen und damit Grundlagen ändern kann; erklärbar ist.

9. ENTSCHEIDUNGSUNTERSTÜTZENDE SYSTEME UND WISSENSBASIERTE METHODEN IN DER MEDIZIN

Verfahren zur rechnergestützten Informations- und Wissensversorgung und eine durch Computer geleistete Wissensverarbeitung können die medizinische Entscheidungsfindung umfassend unterstützen. Rechnerbasierte Entscheidungsunterstützung und wissensbasierte Systeme in der Medizin kombinieren zwei Methodenstränge [SpSp02]:

- die *statistischen und wahrscheinlichkeitstheoretischen Ansätze* und
- die Methoden der *künstlichen Intelligenz*.

Ergänzend treten gerade in der jüngeren Entwicklung Forschungsansätze zur Mensch-Computer-Interaktion hinzu. Diese betreffen insbesondere

- die Integration entscheidungsunterstützender Funktionalität in die klinischen Routine sowie
- die Rechnerunterstützung von Wissensakquisition und -management.

Für eine weiterführende Recherche einiger Punkte, die im Umfang dieser Arbeit nur oberflächlich geklärt werden können, sei an dieser Stelle auf [SpSp02] oder [BeMu97] verwiesen.

9.1. Begriffsbestimmung und Abgrenzung

9.1.1. Entscheidungen in der Medizin

Ausgangspunkt einer ärztlichen Entscheidung sind die über eine klinische Situation vorliegenden, zumeist patientenbezogenen Informationen. Grundlage der Entscheidung ist medizinisches Wissen. Umfang und Art der Ausgangsinformationen sowie des benötigten Wissens stellen erhebliche Anforderungen an das ärztliche Informations- und Wissensmanagement. Voraussetzung ist insbesondere die Fähigkeit der Mediziner, Fachwissen in variablen Entscheidungssituationen anzuwenden. Problematisch ist dabei der große Umfang medizinischen Wissens sowie dessen hohe Innovationsdynamik. Zusätzlich wird die Entscheidungsfindung oft durch hohe Arbeitsbelastung, Zeitdruck und nur unvollständig vorliegende Ausgangsinformationen erschwert.

Die rechnergestützte Informations- bzw. Wissensversorgung und Wissensverarbeitung kann die medizinische Entscheidungsfindung umfassend unterstützen. Für bestimmte Bereiche eignen sich Ansätze der klassischen künstlichen Intelligenz, die sich in anderen Anwendungsgebieten (z.B. ingenieurwissenschaftliche Bereiche, Finanzwesen,..) bereits nachweislich bewährt haben. Die Herausforderung besteht in diesen Fällen darin, die Methoden an die Erfordernisse klinischer Situationen anzupassen. In vielen Fällen müssen aber bereits die methodischen Ansätze an die speziellen medizinischen Anforderungen und die Eigenheiten medizinischen Wissens angepasst werden, um wirkungsvolle Unterstützung leisten zu können [SpSp02].

9.1.2. Wissen in der Medizin

Erfahrungswissen. Medizinisches Wissen entstammt zu einem großen Teil klinischen Beobachtungen und Erfahrungen [Clan95]. Hierzu zählen die Beobachtung typischer Kennzeichen von Erkrankungen und ihren Verläufen. Die Definition und wechselseitige Abgrenzung von Krankheiten wird aus einer Fülle solcher Beobachtungen abstrahiert. Eine ähnliche Rolle spielen Erfahrungen über den Erfolg oder Misserfolg therapeutischer Maßnahmen. Die Qualität der Erfahrungswissenschaft hängt entscheiden davon ab, ob es sich auf der Grundlage einer umfassenden und vergleichbaren Dokumentation klinischer Sachverhalte gewonnen wird. Ebenso entscheidend ist eine vorurteilsfreie wissenschaftliche Methodik zur Auswertung der dokumentierten klinischen Erfahrungen. Dagegen ist es auf Grund der Komplexität und individuellen Variabilität medizinischer Phänomene oftmals nicht möglich, biochemische Kausalketten vollständig zu beschreiben, aus denen sich sämtliche diagnostischen Kriterien oder indizierten Therapien herleiten ließen.

Unsicheres Wissen. Unsicherheit und Unschärfe sind für weite Bereiche des medizinischen Fachwissens ebenso charakteristisch, wie sie für den Einsatz wissensbasierter Methoden hinderlich sind. Ein vermutlich unvermeidbarer Grund dafür liegt in der Komplexität und Variabilität biologischer Systeme und Prozesse, deren Gesamtverhalten als Krankheitsgeschehen dennoch medizinisch beschrieben und beeinflusst werden soll.

Aus diesem Grund kann es passieren, dass medizinisches Wissen zu einem Sachverhalt oft nicht vollständig verfügbar ist. Daten und Befunde können unvollständig oder sogar falsch erhoben sein. Darüber hinaus ist medizinisches Wissen nicht statisch, sondern einer hohen Aktualisierungsdynamik unterworfen, was zu Ungenauigkeiten bei seiner Anwendung oder zu Inkonsistenzen führt.

Modellwissen. Neben klinischem Erfahrungswissen wird in zunehmendem Maße Grundlagenwissen im Rahmen klinischer Entscheidungsfindung eingesetzt. Typisch für solches Wissen ist sein Modellcharakter. Aspekte der wissenschaftlichen Erfahrung werden zu Eigenschaften eines quantitativen oder qualitativen Modells. Der Vergleich zwischen Modellverhalten und wissenschaftlicher Beobachtung wird zu Bestätigung, Revision oder Ablehnung des Modells herangezogen. Derartiges Wissen lässt sich in der Regel besser durch Computer verarbeiten oder formal repräsentieren als klinisches Erfahrungswissen. Bezogen auf Modellwissen besteht die Herausforderung darin, umfangreiche, spezialisierte Bestände naturwissenschaftlichen Wissens auf eine Weise zu erschließen, die seine Nutzung durch medizinische Entscheidungsträger unterstützt oder überhaupt erst gestattet.

9.1.3. Kategorisierung entscheidungsunterstützender Ansätze

Quantitativ. Medizinische Entscheidungskriterien können auf Basis quantitativer Methoden gewonnen und zur Entscheidungsfindung eingesetzt werden. Ein quantitativer Ansatz setzt voraus, dass relevante Größen gemessen und bewertet werden können.

Neben der unvermeidlichen Streuung von Messwerten ergibt sich in der Medizin dabei insbesondere das Problem der individuellen Variabilität entscheidungsrelevanter Sachverhalte (z.B. Symptome). Quantitative Verfahren zur medizinischen Entscheidungsunterstützung basieren daher meistens auf statistischen Ansätzen wie z.B.:

- Regressionsanalyse
- Bayesschen Schließens
- Entscheidungsanalyse
- Neuronale Netze
- Fuzzy Logik (mit Einschränkungen).

Qualitativ. Angesichts der Schwierigkeiten, die mit einer quantitativen Definition klinischer Entscheidungskriterien verbunden sind, spielen qualitative Ansätze eine wichtige Rolle. Hierbei werden Entscheidungskriterien oder -prozesse formal beschrieben und algorithmisch ausgewertet. Beispiele sind:

- Entscheidungsbäume
- Entscheidungs- bzw.– Wahrheitstafeln und
- klassische regelbasierte Expertensysteme

Hybrid. Die in der Aufzählung quantitativer Verfahren bereits genannte Entscheidungsanalyse analysiert Entscheidungen quantitativ erst auf Basis von Entscheidungsbäumen, die eine qualitativ-strukturelle Beschreibung eines klinischen Entscheidungsproblems darstellen. Auf der Seite qualitativer Ansätze integrierten bereits klassische medizinische Expertensysteme Algorithmen zur Quantifizierung von Unsicherheit [BeMu97]. Man kann erkennen, dass bei der Implementierung eines entscheidungsunterstützten Systems nur selten ausschließlich ein Ansatz isoliert betrachtet werden kann.

9.1.4. Definition: Klinisches Entscheidungsunterstützungssystem

Es existiert eine Vielzahl unterschiedlicher Vorschläge zur Definition eines klinischen Entscheidungsunterstützungssystems. Nach einer allgemeinen Definition ist jedes Computerprogramm, das zu dem Zweck entwickelt wurde, Mediziner bei ihren Entscheidungen zu helfen, ein klinisches Entscheidungsunterstützungssystem [Shor01]. Diese Definition ist aber recht unspezifisch. Sie schließt auch einfache elektronische Nachschlagewerke oder medizinische Webseiten mit ein. Speziellere Definitionen fordern zusätzlich das Vorhandensein einer Wissensbank [JoLa94] oder eine aktive Rolle des Systems bei der Ermittlung von Ratschlägen ausgehend von Patientendaten [WySp91]. Für eine präzise Definition eines klinischen Entscheidungsunterstützungssystems ergibt sich daraus die Forderung nach der Berechnung einer fall- bzw. problemspezifischen Systemantwort zur Unterstützung klinischer Entscheidungen unter Nutzung klinischer Daten und medizinischen Wissens [BeMu97].

9.2. Integrationsaspekte

Die Konzeption entscheidungsunterstützender Systeme ohne Rücksicht auf ihre Integration in den Kontext eines klinischen Informationssystems ist unangemessen [Bemm88], [BrRi98]. Diese Aussage wird durch die bisherigen Erfahrungen bestätigt. Eine Vielzahl entscheidungsunterstützender Systeme – darunter die überwiegende Mehrheit der klassischen medizinischen Expertensysteme – kam nie zu einem langfristigen klinischen Routineeinsatz. Bezüglich der Integration in ein klinisches Informationssystem werden zwei Aspekte unterschieden [BrRi98].

Datenintegration. Hiermit bezeichnet man die gemeinschaftliche Nutzung klinischer Daten durch entscheidungsunterstützende und andere rechnerbasierte Systeme in einem klinischen Informationssystem. Ein diagnoseunterstützendes Werkzeug sollte z.B. diagnoserelevante

Daten aus einer digitalen Patientenakte entnehmen können.

Funktionsintegration. Die Funktionalität eines entscheidungsunterstützenden Systems wird bei der routinemäßigen Nutzung rechnerbasierter Klinikinformationssysteme angeboten. So lässt sich z.b. ein wissensbasiertes Kritiksystem, das die Konsistenz erfasster Befunde und Diagnosen prüft, in ein Werkzeug zur Basisdokumentation einbinden.

Weiterführende Informationen finden sich beispielsweise bei [WoRo88], [KiDe91]

9.3. Rechnergestützte Wissensverarbeitung

9.3.1. Künstliche Intelligenz und KI-Ansätze

Künstliche Intelligenz. Die Begriffe Künstliche Intelligenz (KI) und rechnergestützte Wissensverarbeitung suggerieren, dass sich wesentliche Aspekte menschlicher Intelligenz und menschlichen Wissens auf Rechner übertragen lassen. Dieser Anspruch ist nicht unbestritten. Bereits anlässlich der ersten KI-Forschungsansätze wurde klargestellt, in welcher Bedeutung von „Wissen" und „Intelligenz" gesprochen wird. Das Konzept des intelligenten Agenten dient dabei der Formulierung eines pragmatischen. und daher bescheidenen Wissens- und Intelligenzbegriffs [Doyl83].

Intelligenter Agent. Ein Agent ist ein von seiner Umgebung unterscheidbares System, das durch Sensoren Umgebungsinformationen aufnimmt und durch Effektoren (oder auch Aktuatoren) Umgebungsveränderungen ausführen kann. Entscheidend für den Typ des Agenten ist seine (Verhaltens-)Funktion, die die Umgebungsinformationen mit den ausgeführten Umgebungsveränderungen verknüpft. Zwar hängt das aktuelle Verhalten (d.h. die aktuellen Rückgabewerte der Funktion) von den Umgebungsinformationen ab, die Funktion selbst sollte jedoch unabhängig von direkten externen Einflüssen sein. Der Agent ist daher ein zumindest teilautonomes System.

Ein rationaler oder intelligenter Agent ist ein sich zweckorientiert angemessen verhaltender Agent. Um diese Angemessenheit zu beurteilen, bedarf es eines Maßstabes für den Erfolg des Agenten. Aus der Sicht eines externen Beobachters verhält er sich erfolgreich, wenn ihn sein Verhalten einem vorausgesetzten Ziel oder Zweck näher bringt.

Rationalitätsprinzip. Rational oder intelligent wird ein Agent selbst dann genannt, wenn seine Aktion zwar nicht tatsächlich erfolgreich ist, der Agent aber das Verhalten wählt, das ihn nach Auskunft der von ihm wahrgenommenen Umgehungsinformation seinem Ziel näher bringen würde. Dieses Kriterium wird Rationalitätsprinzip genannt. Unter Umständen vereiteln Eigenschaften seiner Umgebung, von denen der Agent keine Kenntnis hat, den tatsächlichen Erfolg seiner Aktion. Auf die Definition rationalen Verhaltens hat das aber keinen Einfluss.

Wissen. Nach einer pragmatischen Definition, die ganz darauf verzichtet, Einblick in die innere Organisation eines Agenten zu nehmen, ist Wissen eine umfassende Bezeichnung für alles, was dazu führt, dass der Agent rational handelt. Wissen ist danach der Ermöglichungsgrund angemessenen Verhaltens.

Komplementäre KI-Ansätze. Die Verhaltensfunktion eines intelligenten Agenten umfasst sein Wissen. Die zwei unterschiedlichen Zweige der KI-Forschung unterscheiden sich hinsichtlich ihres Ansatzes zur Implementierung dieser Verhaltensfunktion:

- Der *konnektionistische Ansatz* versucht, die Struktur und Funktion natürlicher neuronaler Netze nachzubauen. Die Verhaltensfunktion wird dann repräsentiert durch ein künstliches neuronales Netz mit eingestellten synaptischen Gewichten.

- Der *symbolverarbeitende Ansatz* zielt darauf, dem Agenten ein symbolisches Modell seiner Umgebung zur Verfügung zu stellen. Der Agent kann an diesem Modell die Konsequenzen von Umgebungsveränderungen ablesen und daher dasjenige Verhalten symbolisch herleiten, das ihn dem gesetzten Ziel näher bringt. Die Verhaltensfunktion wird daher durch die Problemlösungen am symbolischen Modell bestimmt.

9.3.2. Symbolische Wissensrepräsentation

Prozedurale Wissensrepräsentation. Die Programmlogik eines Computerprogramms kann Wissen symbolisch repräsentieren. So können in Programmverzweigungen aktuelle Werte mit medizinisch relevanten Parametern verglichen werden (Abbildung 15: „Prozedurale Wissensrepräsentation"). In kompilierter Form repräsentiert ein solches Programm das Wissen prozedural, d. h. das Wissen ist in die Verarbeitung von Daten durch das Programm integriert.

```
TemperaturBewertung(↓t ↑d):
param     t: byte;       -- Temperatur
          d: string;     -- Diagnose
begin
      if t < 37 then
            d = „kein Fieber"
      else
            d = „Fieber"
end TemperaturBewertung
```

Abbildung 15: „Prozedurale Wissensrepräsentation" [LeMe02]

Schon bei der Implementierung der ersten medizinischen Expertensysteme wurde erkannt, dass die prozedurale Repräsentation von Wissen gravierende Nachteile mit sich bringt:

- In der Programmlogik sind die Stellen, an denen Fachwissen eingeht, nicht besonders gekennzeichnet und syntaktisch nicht von Stellen zu unterscheiden, die programmiertechnisch motiviert sind;
- Medizinisches Wissen wird in der jeweiligen Programmiersprache codiert, was die Lesbarkeit für den Domänenexperten erschwert;
- Aktualisierungen des repräsentierten Wissens machen Eingriffe in den Quellcode und Neukompilierung des Programms notwendig;
- Es gibt über die Syntaxüberprüfung des Compilers hinaus keinerlei Möglichkeit, die innere Konsistenz und Vollständigkeit des repräsentierten Wissens zu überprüfen.

Wissensbasis. Die Probleme prozeduraler Wissensrepräsentation begründen den Ansatz einer weitgehenden Trennung von repräsentiertem Fachwissen und algorithmischer Verarbeitung. Idealerweise werden alle fachspezifischen Parameter, Entscheidungskriterien und sogar Vorgehensstrategien getrennt von der Verarbeitungskomponente gehalten. Ein solches separates Systemmodul bildet die Wissensbasis des Systems.

Die folgenden Vorteile gelten für separate Wissensbasen:

- Eine Wissensbasis kann ausgetauscht oder verändert werden, ohne dass der Quellcode des Verarbeitungsalgorithmus geändert oder neu kompiliert werden muss. Dadurch wird die Pflege und Aktualisierung des Systems wesentlich erleichtert.
- Eine separate Wissensbasis macht transparent, welches Wissen als Grundlage der Systemantworten dient.

- Die Art der symbolischen Wissensrepräsentation in der Wissensbasis ist unabhängig von der zur Programmierung des Systems verwendeten Programmiersprache und besser lesbar. Dies gilt für inhaltliche Überprüfungen einer Wissensbasis und bei Aktualisierungen.
- Je nach der Wahl der symbolischen Repräsentationsform können algorithmische Konsistenztests für Wissensbasen implementiert werden. Ihre Verfügbarkeit unterstützt die Qualitätssicherung der Wissensbasis.

9.4. Sensitivitätsanalyse – Entscheidungsunterstützung

Medizinische Entscheidungsfindung kann durch Rechnerunterstützung gelenkt werden; die Mensch-Computer-Schnittstelle kann einerseits zur Entscheidungsunterstützung und andererseits zum Wissensmanagement herangezogen werden. Ärztliche Entscheidungen stützen sich meistens auf patientenbezogene Informationen; der Umfang und die Art der Ausgangsinformationen sind von Fall zu Fall unterschiedlich, daher wird an die Fähigkeit der Mediziner, Fachwissen in variablen Entscheidungssituationen anzuwenden, eine erhebliche Anforderung gestellt. Zusätzlich weist die Medizin eine hohe Innovationsdynamik auf, der Umfang des medizinischen Wissens wächst schneller als das Wissen in anderen Bereichen; ebenso kann die Entscheidungsfindung durch hohe Arbeitsbelastung, hohen Zeitdruck oder unvollständige Ausgangsinformationen zusätzlich erschwert werden.

Die Herausforderung der entscheidungsunterstützenden Systeme in der Medizin ist also, Methoden an die speziellen Erfordernisse in diesem Bereich anzupassen. Neben Erfahrungswissen stellt vor allem das unsichere Wissen – aufgrund der Variabilität biologischer Systeme – das größte Problem dar, denn aufgrund der Komplexität ist es oftmals nicht möglich, Kausalketten vollständig zu beschreiben und abzubilden. Ebenso ist der Aktualisierungsrhythmus des medizinischen Wissens sehr hoch.

Bisher kamen klassische medizinische Expertensysteme nie zu einem langfristigen Einsatz in der klinischen Routine; für eine erfolgreiche Zusammenarbeit von Mensch und Maschine ist eine genaue Verteilung der Kompetenzen notwendig. Ob Systeme ohne menschliches Mitwirken Entscheidungen treffen können oder sie während des Entscheidungsfindungsprozesses den Benutzer nur unterstützen kann nicht ohne weiteres geklärt werden – eines der Hauptprobleme bei neuronalen Netzen beispielsweise ist der Mangel an Transparenz; andere Ansätze haben etwa das Problem, dass Aktualisierungen des Wissens einen Eingriff in den Quellcode des Programms notwendig machen. Separate Wissensbasen schaffen es, medizinisches Wissen zumindest teilweise zu modellieren, darauf bauen verschiedene Anwendungen im medizinischen Wissensmanagement auf und können so der typischen Vagheit klinischer Sachverhalte Rechnung tragen.

Im Modell (Abbildung 11) ist erkennbar, dass „EuS / wissensbasierte Methoden" vor allem das Qualitätsmanagement (da Wissen und dessen Integration die Rechnerunterstützung im QM-Bereich entscheidend beeinflusst) und die Variable „Medizinische Lehr- und Lernsysteme" (die eng mit Wissensbasen verflochten sind) überdurchschnittlich beeinflussen. Auf der Passivseite beeinflusst vor allem das Qualitätsmanagement (durch die Informationsbereitstellung erhobener Daten) und der Stakeholder „Mitarbeiter" (durch Einbringen seines Wissens in das System) diesen Bereich.

10. KRANKENHAUSINFORMATIONSSYSTEME

Viele medizinische Informatiker sind derzeit in Krankenhäusern beschäftigt. Der auf nationaler und internationaler Ebene zu spürende Druck, angesichts der immer weiter steigenden Kosten im Gesundheitswesen die Patientenversorgung effizienter zu gestalten, ist hierfür ein wesentlicher Grund. So wie in anderen Branchen auch, hat man in den Krankenhäusern erkannt, dass die Verarbeitung, Übermittlung und Speicherung von Informationen einerseits sehr hohe Kosten verursacht, andererseits aber ein großes Potential zur Optimierung von Abläufen birgt, d.h. bei der Patientenversorgung und ggf. auch bei Forschung und Lehre im Krankenhaus. Es werden medizinische Informatikerinnen und Informatiker benötigt, die die Krankenhäuser bei der Gestaltung einer effizienten Informationsverarbeitung unterstützen. Ihr Auftrag ist es, sich um die „Einführung" oder den Betrieb eines Krankenhausinformationssystems zu kümmern.

Dabei hat die Bezeichnung Krankenhausinformationssystem in Krankenhäusern, in der Soft– und Hardwareindustrie und unter Wissenschaftlern sehr unterschiedliche Bedeutungen. Wir werden daher zunächst den Begriff Krankenhausinformationssystem (KIS) so definieren, wie wir ihn in diesem Kapitel benutzen wollen: nämlich als das soziotechnische System aller Informationsverarbeitung, -übermittlung und -speicherung im Krankenhaus. Konkret bedeutet dies, dass wir unter einem KIS nicht nur das System der administrativen Informationsverarbeitung eines Krankenhauses verstehen. Wir werden auch sehen, dass man ein KIS in einem Krankenhaus nicht neu einführen muss; denn jedes Krankenhaus hat bereits eins. Vielmehr geht es darum, das KIS so weiterzuentwickeln und laufend zu optimieren, dass es die gestellten Anforderungen immer besser erfüllt [BeMu97].

Die umfassende Interpretation eines KIS macht es notwendig, weniger die Fragen nach der Methodik der Softwareentwicklung zu diskutieren, als zu analysieren, aus welchen Bausteinen ein komplexes KIS aufgebaut wird und wie das Funktionieren solcher Systeme organisiert werden kann[8].

Die Weiterentwicklung und der Betrieb eines KIS erfordern darüber hinaus ein systematisches Management. So kann z.B. nur auf der Basis einer strategischen Planung sichergestellt werden, dass die richtigen Bausteine ausgewählt und auch auf richtige Weise zusammenge-

---

[8]Für weiterführende Informationen zur Modellierung von KIS sei beispielsweise auf [HaLa98], [LeMe02] oder [Shor01] verwiesen.

fügt werden. Das Kapitel 0 erläutert, wie das KIS-Management systematisch gestaltet werden kann.

10.1. Grundlegende Begriffe und Definitionen

Trotz der zunehmenden Bedeutung der Informationstechnologie in unserer Gesellschaft stellt sich die Frage, wozu ein Krankenhaus ein KIS benötigt. Damit können zwei unterschiedliche Fragestellungen gemeint sein:

- Für den Träger eines Krankenhauses kann angesichts des zunehmenden Kostendrucks die Frage lauten: „Warum braucht unser Krankenhaus jetzt auch noch ein KIS?"
- Ärztinnen und Ärzte, Schwestern und Pfleger werden eher wissen wollen, wofür ein Krankenhaus sein KIS braucht.

In den folgenden Unterabschnitten sollen beide Aspekte der Titelfrage erörtert werden.

10.1.1. Krankenhausinformationssystem

Ein Krankenhausinformationssystem (KIS) ist das Teilsystem eines Krankenhauses, das alle informationsverarbeitenden (und –speichernden) Prozesse und die an ihnen beteiligten menschlichen und maschinellen Handlungsträger in ihrer informationsverarbeitenden Rolle umfasst. Das KIS dient dazu, die Mitarbeiter des Krankenhauses bei der Erledigung der Aufgaben des Krankenhauses zu unterstützen. Es umfasst daher

- *alle Bereiche* des Krankenhauses,
- *alle Gebäude* des Krankenhauses und
- *alle Personengruppen*, die im Krankenhaus tätig sind.

Die in dieser Definition vorkommenden Begriffe sollen im Folgenden enger gefasst und definiert werden. Aus dieser abstrakten Definition ist jedoch schon erkennbar, dass ein spezielles Softwareprodukt einer Firma, das z.B. die Patientenaufnahme, -abrechnung, -verlegung und -entlassung unterstützen kann, alleine noch kein KIS ist. Ein solches Produkt kann vielmehr in einem bestimmten Krankenhaus ein (wichtiger) Bestandteil des KIS sein [BeMu97].

Krankenhaus. Ein Krankenhaus ist eine öffentliche oder private Einrichtung zur zeitweiligen Aufnahme von Patienten zwecks stationärer Pflege und vollständiger ärztlicher Behandlung;

evtl. mit Teileinrichtungen auch für die ambulante Betreuung sowie zur ärztlichen Beratung und Mitarbeit bei prophylaktischen Maßnahmen. Darüber hinaus ist ein Krankenhaus evtl. auch Zentrum medizinischer Ausbildung und Stätte sozialmedizinischer Forschung [Roch87].

Informationen im Krankenhaus. Medizin ist ohne eine umfassende und sorgfältig geplante Erhebung und Verarbeitung von Informationen nicht möglich [Tram95]. Die in einem Krankenhaus be– und verarbeiteten Informationen lassen sich dabei in zwei Klassen einteilen:

- *Informationen über einzelne Patienten*: In einem Krankenhaus werden Patienten aufgenommen. Das Krankenhaus benötigt folglich grundlegende Informationen über die Patienten (z.B. Personalien, Anamnese, Voraufenthalte, Einweisungsdiagnose des Hausarztes). Aber auch aktuelle Informationen über die Patienten (z.B. Therapieverlauf, Labor– und Röntgenbefunde) werden bei der Pflege und Behandlung benötigt. Konkrete Abrechnungen zur Administration eines Krankenhauses können nur dann umgesetzt werden, wenn der Administration wiederum patientenbezogene Informationen (z.B. Versicherungsverhältnisse des Patienten, erbrachte Leistungen) zur Verfügung stehen;

- *Patientenunabhängiges Wissen*: Pflege, vollständige ärztliche Behandlung und prophylaktische Maßnahmen sind nur möglich, wenn das Personal über das erforderliche aktuelle Wissen über Krankheiten und Therapien verfügt. Dieses Wissen können die beteiligten Personen nicht immer bereits vollständig im Kopf haben. Gerade neues Wissen muss zeitnah bereitgestellt werden. Besonders in Universitätskliniken hat die medizinische Ausbildung und (sozial–)medizinische Forschung eine herausragende Bedeutung. Aktuelles Wissen über Krankheiten und Therapien wird benötigt und weitergegeben und aus den Informationen über die Patienten wird wiederum neues Wissen über Krankheiten und Therapien abgeleitet. Ebenso ist umfassendes Wissen über das Management eines Krankenhauses und insbesondere über seine Finanzierung erforderlich. Gerade die aktuellen Aktivitäten des Gesetzgebers auf diesem Gebiet zeigen, dass dieses Wissen nahezu ebenso kurzlebig und komplex ist wie das medizinische Wissen.

Werkzeuge der Informationsverarbeitung. Bereits in sehr frühen Zeiten wurde in einem Stations- oder Notizbuch dokumentiert und medizinisches Wissen durch Überlieferung oder mit kostbaren Büchern weitergegeben. Für die umfassende und sorgfältig geplante Erhebung, Verarbeitung und Archivierung von Informationen unterscheiden wir heute zwei Typen [BeMu97]:

- *Konventionelle Werkzeuge* beherrschen noch immer die Informationsverarbeitung in den Krankenhäusern. Hierzu gehören die papiergestützte Patientenakte (Krankenakte), Schreibmaschinen, Handarchive, Lehrbücher, Aktenwagen, Laboranforderungsformulare, Kugelschreiber, Diagnosendokumentationsformulare, Bücherregale, Gabelstapler in Altarchiven, Lieferscheine, Kleinförderanlagen, Kopierer usw.;
- *Rechnerunterstützte Werkzeuge* werden in zunehmendem Maße eingesetzt. Hierzu zählen PCs, Patientenverwaltungssysteme, Betriebssysteme, Ethernet-Karten, Datenbanken (z.B. Current Contents, Medline), Kommunikationssysteme, Dokumentenverwaltungssysteme, Kommunikationsnetze mit Glasfaser und FDDI-Protokoll, Belegleser, Twisted-Pair-Kabel, Dokumentationssysteme usw.

Orte der Informationsverarbeitung. Die verbreitete Vorstellung, Informationsverarbeitung im Krankenhaus habe primär etwas mit der Verwaltung des Krankenhauses zu tun, löst sich schnell auf, wenn man sich klar macht, wo die erwähnten Informationen mit den aufgezählten Werkzeugen be- und verarbeitet werden. Patientenbezogene Informationen und patientenübergreifendes Wissen werden sowohl mit konventionellen als auch mit rechnerunterstützten Werkzeugen in allen Bereichen des Krankenhauses verarbeitet, d. h.

- im stationären Bereich,
- im ambulanten Bereich,
- in Funktionsbereichen für Diagnostik oder Therapie,
- in sonstigen Bereichen (z.B. Apotheke, Archiv, Bibliotheken, Blutbank), in der Krankenhausverwaltung,
- in Technik, Wirtschaft und Versorgung,
- in Sekretariaten und Schreibdiensten und
- in den Leitungsbereichen.

Damit sind auch alle Gebäude eines Krankenhauses von der Informationsverarbeitung betroffen. Auch abgelegene Gebäude großer Universitätsklinika dürfen aus der Betrachtung der Informationsverarbeitung des jeweiligen Krankenhauses nicht ausgegrenzt werden.

Personengruppen der Informationsverarbeitung. Selbstverständlich ergibt sich hieraus auch, dass alle im Krankenhaus tätigen Personen von der Informationsverarbeitung betroffen sind:

- Ärzte,

- Pflegekräfte,

- Verwaltungspersonal,

- Versorgungspersonal,

- medizintechnisches Personal,

- medizininformatisches Personal.

Informationstransport. In dem arbeitsteilig organisierten Unternehmen Krankenhaus können Informationen oft nicht da erzeugt werden, wo sie benötigt werden. So werden z.B. Befunde in Leistungsstellen (z.B. Labor, Radiologie) erzeugt und müssen auf die u.U. einige Kilometer entfernte Station transportiert werden. Die Leistungsstellen benötigen ihrerseits u.a. die Personalien der Patienten. Diese wurden bei der Patientenaufnahme erfasst und müssen nun zu den Leistungsstellen transportiert werden. Umgekehrt müssen Informationen über die erbrachten Leistungen in die Patientenverwaltung und zum Controlling transportiert werden. Kommunikation als das Mittel zum Transport von Informationen ist damit ganz wesentlich für die Informationsverarbeitung im Krankenhaus.

Informationsspeicherung. Oft benötigt man ins Krankenhaus Informationen, die bereits zu einem früheren Zeitpunkt erzeugt worden sind. Auf diese Informationen kann nur zurückgegriffen werden, wenn sie aufbewahrt, d.h. gespeichert worden sind. Die Informationen können z.B. in der konventionellen Patientenakte oder auch in Datenbanken auf Rechnern gespeichert worden sein.

10.1.2. Nutzer von Krankenhausinformationssystemen

Da in jedem Krankenhaus Informationen verarbeitet und gespeichert werden, hat folglich jedes Krankenhaus auch ein KIS. Offenbar ist damit die in Abschnitt 10.1 eingangs gestellte Frage nicht sinnvoll. Die Frage muss vielmehr lauten, welchen Nutzen man von einem KIS hat. Dabei muss nach Personengruppen unterschieden werden. Ein KIS kann als „gut" bewertet werden, wenn es den entsprechenden Personengruppen den erwarteten Nutzen bringt [HaLa98].

Patienten und Angehörige. Da das KIS ein Bestandteil des Krankenhauses und das Krankenhaus für die Patienten da ist, zählt primär, welchen Nutzen es den Patienten bringt. Das heißt, das KIS muss dazu beitragen, dass die Patienten auf schnelle, angenehme und preisgünstige Art gesund werden und sich bequem über den aktuellen Stand der medizinischen Forschung zur Therapie ihrer Krankheit informieren können. Besucher wollen ihre Angehörigen schnell finden und z.b. Informationen darüber erhalten, wer sie auch später zu Hause bei der Folgebetreuung unterstützen kann.

Medizinisches Personal. Ärzte benötigen z.B. Befunde rechtzeitig zur Visite und wollen möglichst schnell und effizient ihre Leistungen für die Abrechnung dokumentieren. Sie wollen jederzeit und schnell nicht nur die gesamte Krankengeschichte des Patienten einsehen können, sondern auch auf alles medizinische Wissen zugreifen, das sie gerade benötigen. Pflegekräfte wollen, dass Befunde schnell verfügbar sind und telefonische Rückfragen vermieden werden können. Medikamente und Arzneimittel müssen direkt nach der Bestellung geliefert werden. Möglichst viel Zeit soll für den Umgang und die Pflege der Patienten zur Verfügung stehen – nur wenig Zeit soll mit dem Ordnen und Ausfüllen von Formularen verbracht werden. Der Zugriff auf aktuelle Pflegestandards soll jederzeit möglich sein.

Administratives Personal. Der Sachbearbeiter in der Abrechnung möchte rechtzeitig alle Informationen erhalten, die er benötigt, um eine Rechnung zu erstellen, mit deren Erlös das Haus existieren und eine hochwertige Patientenversorgung sichern kann. Der Geschäftsführer muss rechtzeitig alle Informationen erhalten, die er gerade benötigt – nicht mehr, aber auch nicht weniger. Besonders gut ist das KIS wohl dann, wenn sich die Krankenhausleitung entschließt, mit diesem KIS um Patienten aber auch z.B. um Pflegepersonal zu werben.

10.1.3. Güte von Krankenhausinformationssystemen

Um beurteilen zu können, ob ein KIS „gut" ist, muss man dazu in der Lage sein, auch die Schwächen aufzudecken. Voraussetzung dafür ist wiederum, dass man das KIS adäquat beschreiben kann. Vor dem Hintergrund der oben aufgeführten Vielzahl an Komponenten, die das KIS ausmachen, ist dies keine einfache Aufgabe. Aber ähnlich, wie in [Heym72] ein Archivar sagt: „Ich sammle, ich ordne. Ich bin ein bescheidener Diener im Hause des Wissens", ist es auch die Aufgabe der Medizinischen Informatik, Ordnung in das KIS zu bringen.

Struktur. Eine Möglichkeit des Ordnens bietet das 3-Ebenen-Meta-Modell (Abbildung 16) [HaLa98]:

- Die *obere Ebene* wird als fachliche Ebene bezeichnet und beschreibt die von dem KIS unterstützten Aufgaben des Krankenhauses (z.B. Patientenaufnahme, klinisch-chemische Labordiagnostik);

- Die *mittlere Ebene* heißt logische Werkzeugebene und beschreibt, mit welchen logischen Werkzeugen der Informationsverarbeitung die Aufgaben unterstützt werden. Hierunter fallen die installierten Softwareprodukte, die dann als Anwendungsbausteine bezeichnet werden;
- Die *untere Ebene* ist die physische Werkzeugebene. Hier werden die Rechnersysteme beschrieben, die im KIS Anwendung finden.

Die Analyse der Stärken und Schwächen eines KIS muss auf allen drei Ebenen erfolgen[9]. Auf der fachlichen Ebene kann abgelesen werden, welche Aufgaben des Krankenhauses von dem dargestellten Teil des KIS unterstützt werden, und auf den Werkzeugebenen ist erkennbar, wie diese Unterstützung erfolgt. Eine Hilfestellung bei Analyse und Bewertung können Referenzmodelle bieten, in denen festgehalten ist, welche Aufgaben des Krankenhauses typischerweise von einem KIS unterstützt werden bzw. werden sollten und welche Architekturen für die Werkzeugebenen sich z.B. bislang als sinnvoll erwiesen.

---

[9] siehe [HaLa98], [LeMe02] oder [Shor01]

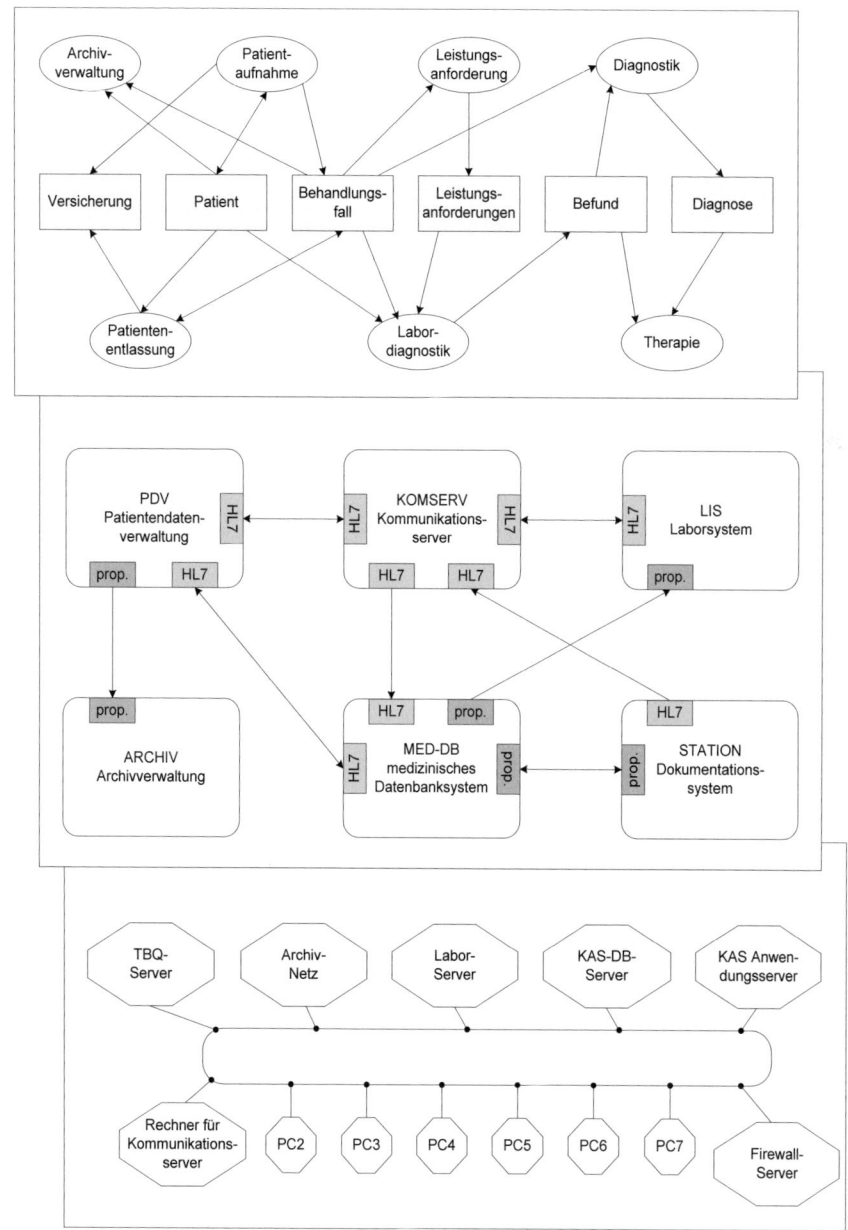

Abbildung 16: 3-Ebenen-Meta-Modell eines Krankenhausinformationssystems" [LeMe02]

Management. Nur ein systematisches Management des KIS kann schließlich gewährleisten, dass das KIS wirklich „gut" ist. Dieses Management umfasst das Management von Information, von Anwendungsbausteinen und von rechner- und nicht-rechnerunterstützter Informations- und Kommunikationstechnik. Es gliedert sich in das

- strategische,
- taktische und
- operative

Management (vgl. Abschn. 0). Dazu gehört auch die Gestaltung von Organisationsmitteln und Formularen und ggf. die Entscheidung für einen Notizblock als Daten(zwischen)speicher statt eines zwar tragbaren, doch unhandlichen und teuren Arbeitsplatzrechners. „Gut" wird also das KIS durch ein Management, das nicht nur z.B. für eine gute Rechnerausstattung sorgt, sondern ebenso die konventionelle Informationsverarbeitung berücksichtigt und beides sinnvoll integriert.

Beispiel: Es ist noch kein Beweis der Güte des KIS, wenn ein Krankenhaus einen Hochleistungsrechner mit 500GB Speicherplatz und zehn Gigaflops Prozessorgeschwindigkeit besitzt, der über ein zehnadriges Glasfasernetz mit ATM-Protokoll an den Multiprozessor-Vektorrechner des Astronomischen Instituts gekoppelt ist und an den als Arbeitsstationen Multi-Media-PCs mit Soundkarte, CD–ROM und Real-Time-Video-Karte angeschlossen sind.

10.1.4. Erstellung von Krankenhausinformationssystemen

Ein KIS ist kein fertiges Produkt, das man kaufen kann. Man kann lediglich Bausteine für den rechnerunterstützten Teil des KIS kaufen, wie z.B. Softwareprodukte für die Unterstützung der Patientendatenverwaltung, Labordiagnostik und Operationsdokumentation oder einzelne Rechner.

Ein Krankenhaus kann sich sein KIS auch nicht selbst programmieren. Höchstens für einzelne rechnerunterstützt zu realisierende informationsverarbeitende Verfahren, für die keinerlei geeignete Softwareprodukte am Markt zu finden sind, können eigene Softwareentwicklungen sinnvoll sein. Die Einrichtungen für medizinische Informatik, die für das KIS-Management zuständig sind, sollten sich daher auf die Integration der einzusetzenden rechnerunterstützten und konventionellen Bausteine und auf deren sinnvolle Anpassung an die Gegebenheiten ihres Krankenhauses konzentrieren. Hierbei kann auf „klassische" Methoden (z.B. Kommunikationsserver, Kommunikationsstandards) oder auf neuere Ansätze auf der Basis komplexer Middleware-Anwendungen gesetzt werden.

10.1.5. Zusammenfassung

Es ist deutlich geworden, dass die Frage, wozu ein Krankenhaus ein Krankenhausinformationssystem braucht, falsch gestellt war; denn jedes Krankenhaus hat bereits ein KIS. Zu fragen bleibt allerdings, ob das KIS „gut" ist. Und dies lässt sich letztlich nur daran messen, ob es das Krankenhaus ausreichend dabei unterstützt, seine Aufgabe zu erfüllen, nämlich Patienten (Kranke) erfolgreich zu behandeln und ggf. erfolgreich medizinische Forschung zu betreiben und Lehre durchzuführen.

10.2. Aufgaben eines Krankenhauses

Auf der fachlichen Ebene werden die Aufgaben des Krankenhauses dargestellt, deren Erledigung das KIS unterstützt. Krankenhäuser dienen der Behandlung und Pflege von Patienten. Der typische Behandlungsablauf beinhaltet dabei die primären Aufgaben (z.B. Aufnahme des Patienten, Diagnostik, Planung der Behandlung, Therapie, Entlassung, ggf. mit Überleitung in eine weiterbehandelnde Einrichtung). Diese primären Aufgaben in der Patientenversorgung werden begleitet und unterstützt von Aufgaben (z.B. Abrechnung, Ver- und Entsorgung, Organisation der Archivierung), die nicht unmittelbar mit dem Patienten zu tun haben, aber notwendige Voraussetzungen und Rahmenbedingungen für seine optimale Versorgung darstellen.

10.2.1. Primäre Aufgaben

Patientenaufnahme. Ziel der Aufnahme ist die Aufzeichnung und das Verfügbarmachen zentraler behandlungs- und verwaltungsrelevanter Daten eines Patienten sowie seine eindeutige Identifizierung mit Zuordnung einer eindeutigen Patienten- und Fallidentifikation [BeMu97], [WiZi98].

Behandlungsplanung. Ziel ist die Entscheidung über die durchzuführenden ärztlichen und pflegerischen Maßnahmen sowie ihre sinnvolle und effiziente Planung. Im Gegensatz z.B. zur

Aufnahme ist die Behandlungsplanung eine ständige Aufgabe, die durch das Vorliegen neuer Informationen initiiert wird.

Leistungskommunikation. Diagnostische und therapeutische Maßnahmen müssen üblicherweise bei spezialisierten Leistungsstellen (z.b. Labor, Röntgen, OP-Bereich) angefordert werden (Leistungsanforderung). Diese melden den Befund an den Anforderer zurück (Befundrückmeldung). Der gesamte Prozess wird als Leistungskommunikation bezeichnet.

Durchführung von Maßnahmen. Die geplanten diagnostischen, therapeutischen und pflegerischen Maßnahmen (z.B. Operationen, Bestrahlungen, Röntgenuntersuchungen, Prophylaxen, Medikation) werden durchgeführt. Hierzu muss das Krankenhaus entsprechende räumliche und technische Kapazitäten sowie ausgebildetes Personal zur Verfügung haben (vgl. Arbeitsorganisation und Ressourcenplanung in Abschn. 10.2.2). Wichtig ist, dass Änderungen an der Behandlungsplanung (z.B. durch neue Befunde) umgehend an die durchführenden Stellen gemeldet und dort direkt umgesetzt werden können (z.B. Änderung eines Bestrahlungsplanes oder einer Medikation).

Klinische Dokumentation. Ziel der klinischen Dokumentation ist die vollständige, korrekte und zeitnahe Aufzeichnung aller klinisch relevanten Patientendaten (z.B. Vitalparameter, Anforderungen, Befunde, Entscheidungen, Termine). Dies unterstützt die Koordination der Behandlung zwischen allen Beteiligten und ermöglicht die Begründung der durchgeführten Maßnahmen. Daten sollten dabei möglichst strukturiert aufgezeichnet werden. Wichtig ist, dass alle Daten, auch wenn sie an verschiedenen Stellen (z.B. Station, Funktionsbereich, Ambulanz) anfallen, zu einem Gesamtbild des Patienten zusammengefasst werden können. Dies geschieht unter Verwendung der Patienten– und Fallidentifikationsnummer.

Das Krankenhaus hat gesetzliche Meldepflichten (z.B. Seuchenregister) und Dokumentationspflichten (z.B. bei Strahlentherapien) zu erfüllen. Hierzu müssen Daten ggf. adäquat codiert werden können (z.B. Diagnoseverschlüsselung nach ICD–10). Die Inhalte der Dokumentation hängen von der dokumentierenden Einrichtung bzw. der dokumentierenden Berufsgruppe ab (z.B. OP-Dokumentation. Dokumentation in Ambulanzen, Pflegedokumentation).

Informationen aus der klinischen Dokumentation sollen auch für die Abrechnung (z.B. Validierung von Abrechnungsvarianten), für das Controlling (z.B. Überprüfung der Wirtschaftlichkeit von erbrachten Leistungen), für die Qualitätssicherung sowie für Forschung und Lehre Zur Verfügung stehen (vgl. Abschn.10.2.2):

- Die *pflegerische Dokumentation* enthält üblicherweise die Dokumentation des gesamten Pflegeprozesses, also der Pflegeanamnese, der Pflegeplanung, der Pflegeziele, der geplanten und durchgeführten Maßnahmen sowie der Evaluation der Maßnahmen und ggf. der Pflegestufe des Patienten;
- Die *ärztliche Dokumentation* umfasst Daten wie Anamnese, Diagnosen. Therapien und Befunde, Fach- und Spezialdokumentationen (z.B. OP-Dokumentation, Intensivdokumentation) sowie Anordnungen an andere Berufsgruppen.

Entlassung und Weiterleitung des Patienten. Nach Abschluss der Behandlung wird der Patient entlassen. Zur ärztlichen und pflegerischen Entlassung gehören der Abschluss der Dokumentation sowie das Erstellen eines Abschlussberichtes (Arztbriefschreibung). Das Krankenhaus muss für die Weiterbehandlung benötigte Informationen möglichst zeitnah an die weiterbehandelnde Einrichtung übermitteln. Hierzu gehören Befunde oder Bilder und insbesondere die Übermittlung des Arztbriefes. Der behandelnde Krankenhausarzt wird je nach Dringlichkeit auch vorab eine Kurzinformation an den weiterbehandelnden Arzt übermitteln (insbesondere die aktuellen Diagnosen und Vorschläge zur Weiterbehandlung). Zur administrativen Entlassung gehört das Anstoßen der endgültigen Abrechnung mit den Kostenträgern sowie ggf. die Erfüllung gesetzlicher Berichtspflichten.

10.2.2. Unterstützende Aufgaben

Die bis hierher dargestellten Hauptaufgaben des Krankenhauses werden ergänzt durch zahlreiche unterstützende Aufgaben, die für die Erfüllung der primären Aufgaben notwendig sind [BeMu97], [WiZi98]:

Leistungsdokumentation. Das Krankenhaus muss in der Lage sein, die konkret erbrachten Leistungen vor dem Hintergrund des bestehenden Finanzierungssystems korrekt, umfassend, zeitnah und fallbezogen zu dokumentieren und abzurechnen. Die entstehende Datenbasis dient neben Abrechnungszwecken auch dem Controlling, der internen Leistungsverrechnung zwischen den verschiedenen Einrichtungen des Krankenhauses, der internen Budgetierung, der Kostenträgerrechnung (also der Darstellung der entstandenen Kosten z.B. je Patient) sowie sonstigen betriebswirtschaftlichen Analysen. Darüber hinaus sind zahlreiche gesetzliche Berichtspflichten zu erfüllen, üblicherweise innerhalb einer bestimmten Frist.

Die Leistungsdokumentation ist daher mit der klinischen Dokumentation (vgl. Abschn. 10.2.1) stark verknüpft. Für die Leistungsdokumentation werden Diagnosen und Maßnahmen meist standardisiert aufgezeichnet und dann patientenübergreifend ausgewertet. Optimal ist es, wenn sich die Leistungsdokumentation möglichst einfach aus der klinischen Dokumentation ableiten lässt. Für die Leistungsdokumentation sind adäquate Leistungskataloge zu hinterlegen und regelmäßig zu pflegen. Bei der Abrechnung sind ggf. vorhandene Abrechnungsvarianten zu berücksichtigen.

Führen der Patientenakte. Relevante Daten und Dokumente zu den Patienten müssen erstellt, gesammelt, präsentiert und so abgelegt werden, dass sie rasch und effizient auffindbar bleiben und damit während der Behandlung jederzeit zur Verfügung stehen. Diese Ablage geschieht üblicherweise in Patientenakten. Eine Reihe von gesetzlichen Bestimmungen sind dabei zu beachten.

Arbeitsorganisation und Ressourcenplanung. Das Krankenhaus muss ausreichende Ressourcen für die Patientenversorgung zur Verfügung stellen und diese auch möglichst effizient organisieren. Dies gilt für Ambulanzen (Ambulanzmanagement), Stationen (Stationsmanagement) und für alle Funktionsbereiche (Abteilungsmanagement).

Krankenhausadministration. Die Krankenhausadministration unterstützt die Organisation der Patientenversorgung und sichert das finanzielle Überleben des Krankenhauses. Eines der Hauptziele ist die Erfassung und Abrechnung aller extern abrechenbarer Leistungen.

Kooperation in der Gesundheitsversorgungsregion. Das Krankenhaus ist ein Element des regionalen Systems der Gesundheitsversorgung. Zu diesem System gehören z.B. auch andere Krankenhäuser, niedergelassene (Fach–)Ärzte und Therapeuten, Laboratorien, ambulante Pflegedienste und Apotheken. Die Versorgung eines Patienten geschieht innerhalb dieses Systems i.d.R. als arbeitsteiliger Prozess. Ein einzelnes Krankenhaus übernimmt nur einen Teil der Aufgaben, die für die Versorgung eines Patienten erforderlich sind. Der Patient ist daher auf eine optimale Kooperation des Krankenhauses mit allen anderen in der jeweiligen Gesundheitsversorgungsregion an der Versorgung beteiligten Einrichtungen angewiesen.

10.3. Management von Krankenhausinformationssystemen

Die aktuelle Bedeutung der Informationsverarbeitung im Krankenhaus ergibt sich auch aus einer rein kostenbezogenen Analyse. So schätzte man bereits 1993, dass innerhalb der Europäischen Union ca. €3,5 Mrd. in KIS investiert wurden. Eine neuere Untersuchung besagt, dass in Europa gegenwärtig für KIS €2,6 Mrd. ausgegeben werden, in den USA sind es €3 Mrd. [Iako00]. Trotz dieser erheblichen Aufwände zeigen Untersuchungen, dass 75–98% der untersuchten rechnerunterstützten Anwendungsbausteine als Fehlschlag zu werten waren [Berg99]. Diesen Analysen zufolge waren und sind organisatorische Einflüsse Schlüsselfaktoren für den Erfolg bzw. Misserfolg von rechnerunterstützten Werkzeugen der Informationsverarbeitung.

Die folgende Übersicht zum strategischen, taktischen und operativen KIS-Management ist in [WiZi98] ausführlich dargestellt.

10.3.1. Begriffsbestimmung

Management. Der Begriff Management kann sowohl als Institution als auch als Funktion eines Unternehmens verstanden werden. Als Institution umfasst das Management alle Einrichtungen eines Unternehmens, die Entscheidungen über die Festlegung, die Steuerung und die Koordination der Aktivitäten untergeordneter Stellen treffen können. Als Funktion umfasst das Management alle Aufgaben nicht ausführender Art, die zur Bestimmung der Ziele, der Struktur und der Handlungsweisen des Unternehmens sowie zu deren Verwirklichung dienen. Für das funktionelle Management lassen sich stets drei Aufgaben identifizieren:

- Planung;
- Steuerung;
- Überwachung.

Von dem allgemeinen Management, das sich auf das gesamte Unternehmen bezieht und der Geschäftsleitung entsprechende Werkzeuge zur Verfügung stellen muss, lässt sich das Geschäftsbereichsmanagement abgrenzen. Dieses umfasst die Managementaufgaben in einzelnen Geschäftsbereichen (z.B. Marketing, Forschung, Produktion, Personalwesen, Informationsverarbeitung).

Informationsmanagement. Das Management in dem Geschäftsbereich Informationsverarbeitung bezeichnen wir als Informationssystemmanagement oder kurz Informationsmanagement. Es lässt sich gliedern in das Management von Information, von Anwendungsbausteinen und von rechnerunterstützter und nicht-rechnerunterstützter Informations- und Kommunikationstechnik. Darüber hinaus lassen sich dem Aufgabentrias des allgemeinen Managements (Planung, Überwachung, Steuerung) jeweils drei Planungshorizonte zuordnen:

- *Strategisch:* Planung, Steuerung und Überwachung befassen sich auf der strategischen Aufgabenebene mit der Informationsverarbeitung als Ganzes und beziehen sich auf die grundsätzliche zukünftige Entwicklung des Unternehmens bzw. des Geschäftsbereichs Informationsverarbeitung. Das Ergebnis der Durchführung der strategischen Aufgaben kann zusammenfassend als *Architektur des Informationssystems* bezeichnet werden.

- *Taktisch:* Auf der taktischen Aufgabenebene beziehen sich Planung, Steuerung und Überwachung auf einzelne für die Informationsverarbeitung benötigte Komponenten. Das Ergebnis der Durchführung der taktischen Aufgaben kann zusammenfassend als *Informationssystem* des Unternehmens bezeichnet werden.

- *Operativ:* Die operativen Aufgaben (z.B. Betrieb des KIS) selbst gehören nicht zu

den Aufgaben des Managements von Informationssystemen. Trotzdem müssen sie geplant, gesteuert und überwacht werden. Die Durchführung der operativen Aufgaben des Informationsmanagements gewährleistet dann einen möglichst störungsfreien Betrieb.

Qualitätsmanagement. Zunehmend gewinnen Qualitätsmanagement und –sicherung als integrative Bestandteile der Kernprozesse eines Unternehmens an Bedeutung. Sie werden daher ebenso wie das Management der Informationsverarbeitung zu Querschnittsfunktionen im Unternehmen. Qualitätsmanagement und –Sicherung sind deshalb sinnvoller weise auf allen Aufgabenebenen des Informationsmanagements zu berücksichtigen.

KIS-Management. Das Management von Krankenhausinformationssystemen (KIS-Management) ist das Informationsmanagement in Krankenhäusern (siehe Abbildung 17):

- Es umfasst als Gegenstandsebenen
    - das Management von Information,
    - das Management von Anwendungsbausteinen und
    - das Management von rechner- und nicht-rechnerunterstützter Informations– und Kommunikationstechnik;

- Es umfasst als Aufgaben,
    - das KIS zu planen, wobei die strukturelle Planung den Aufbau und die Weiterentwicklung umfasst,
    - den Betrieb des KIS zu steuern und
    - die Einhaltung der Planvorgaben sowie den Betrieb zu überwachen;
- Es umfasst als Planungshorizonte
    - das strategische,
    - das taktische und
    - das operative Management.

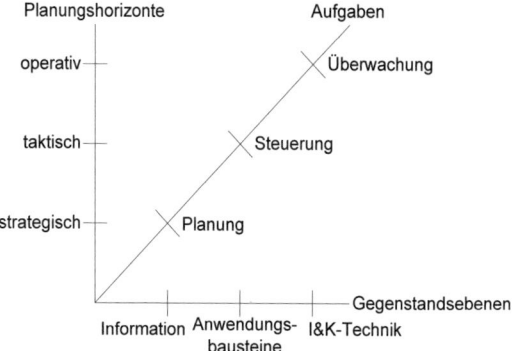

Abbildung 17: „Drei Dimensionen für das KIS-Management nach [WiZi98]"

Auf Grund unserer Definition des KIS-Begriffs beginnt der KIS-Aufbau frühestens mit dem Beginn der Planung eines Krankenhauses und endet mit dem Beginn des Betriebs des Hauses. Mit dem Betrieb des Krankenhauses und damit auch mit dem Betrieb des Krankenhausinformationssystems folgt für das KIS-Management, dass im Rahmen der Planung nun ausschließlich die Weiterentwicklung und nicht mehr der Aufbau zu betrachten ist.

10.3.2. Strategisches KIS-Management

Beim strategischen KIS-Management stehen das KIS als Ganzes oder in wesentlichen Teilen und seine grundsätzliche zukünftige Entwicklung im Vordergrund.

Planung. Die KIS-Planung im Rahmen des strategischen Managements bezeichnet man als Rahmenplanung. Die Rahmenplanung gibt i.d.R. für einen begrenzten Zeitraum (z.B. 3–5 Jahre) allgemeine Leitlinien für den Aufbau bzw. die Weiterentwicklung des KIS vor. Das Ergebnis der Durchführung der strategischen Aufgaben ist in einem ersten Schritt ein Rahmenplan (Rahmenkonzept, Gesamtkonzept), der regelmüßig aktualisiert werden muss. Die Abbildung 18 verdeutlicht die Komplexität der Rahmenplanung für das Informationsmanagement im Krankenhaus.

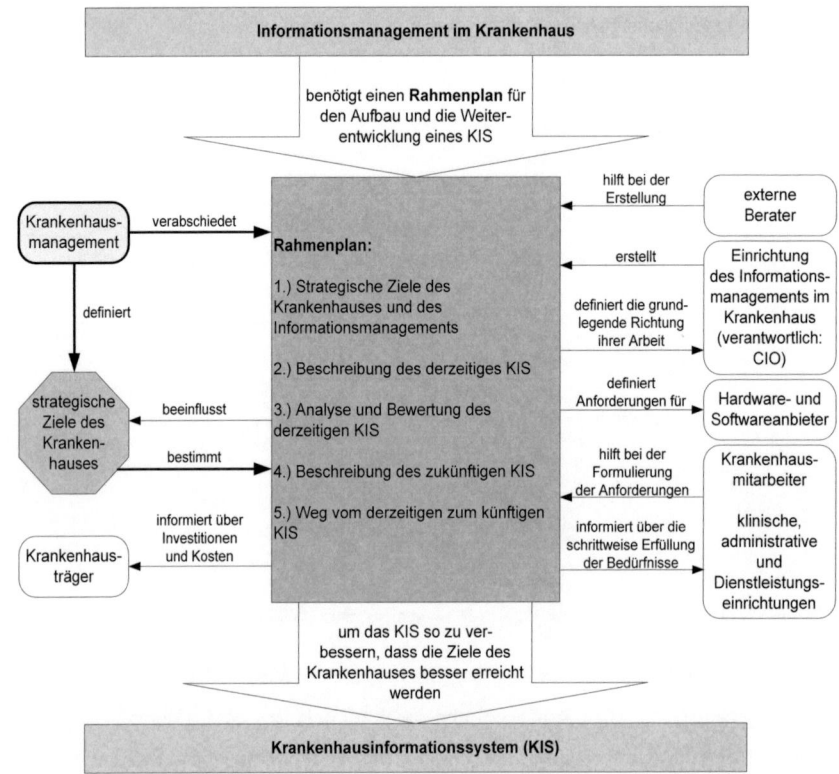

Abbildung 18: „Rahmenplanung für das Informationsmanagement im Krankenhaus nach [WiAm02]"

Der Rahmenplan spielt für das Informationsmanagement eine zentrale Rolle. Ausgehend vom Leitbild und den strategischen Zielen des Krankenhauses sowie den hieraus resultierenden strategischen Zielen der Informationsverarbeitung gibt er für das taktische Management vor, welche Projekte (z.B. Einführung biometrischer Autorisierungsmechanismen) bearbeitet werden müssen, und er legt für das operative Management fest, welche Ressourcen (z.B.

finanzielle Mittel, Personal, Fortbildung, Soft- und Hardware. Räume, Energie) für den KIS-Betrieb zur Verfügung stehen. Die Struktur eines Rahmenplans für die Informationsverarbeitung lässt sich wie folgt beschreiben:

1. *Strategisches Ziel:* Primäres Ziel aller Krankenhäuser ist es, neben möglicherweise ökonomischen Zielen, solche Leistungen anzubieten, die die Gesundheit ihrer Patienten wiederherstellt oder verbessert. In diesem Sinne sind alle Krankenhäuser gleich. Unterschiede ergeben sich erst durch die Formulierung spezifischer Ziele (z.B. Zahl der ambulanten Patienten steigern, durchschnittliche Verweildauer von stationären Patienten senken, Qualitätsmanagement ausbauen, Zusammenarbeit mit Gesundheitseinrichtungen der Region verbessern, Modernisierung des Krankenhauses vorantreiben. Gewinn erhöhen, Patienten verstärkt in den Mittelpunkt stellen). Offensichtlich resultieren aus diesen unterschiedlichen und teilweise widersprüchlichen Zielen auch unterschiedliche Ziele der Informationsverarbeitung, die sich wiederum in verschiedenen KIS-Architekturen widerspiegeln können.

2. *Zustandsbeschreibung:* Bevor die Planung des künftigen KIS erfolgen kann, muss sein derzeitiger Zustand beschrieben werden. Dies erfordert ein hohes Maß an Disziplin, da die beteiligten Personen primär interessiert, wie das KIS zukünftig aussehen soll. Die Beschreibung des derzeitigen KIS ist jedoch die Grundlage dafür, die Aufgaben zu identifizieren, die durch informationsverarbeitende Werkzeuge bereits gut unterstützt werden, und diejenigen, bei denen es noch einer Unterstützung bedarf. Das heißt, es müssen sowohl die bestehenden Anwendungsbausteine als auch die derzeit eingesetzte Informations- und Kommunikationstechnologie vor allem hinsichtlich ihres Beitrags zur Unterstützung der Aufgaben des Krankenhauses beschrieben werden. Die Aufgaben können mittelbar oder unmittelbar aus den Zielen des Krankenhauses abgeleitet werden.

Probleme der Informationsverarbeitung haben nicht immer einen technischen Hintergrund, oft sind es auch Schwächen in der Organisation des Informationssystems und des Informationsmanagements. Insofern ist es von Bedeutung, diese in die Beschreibung des derzeitigen Zustands mit einzubeziehen.

3. *Analyse und Bewertung:* Im Anschluss an die Beschreibung des derzeitigen Zustandes sollte das KIS hinsichtlich der strategischen Ziele des Krankenhauses und der Informationsverarbeitung analysiert werden. Hierbei ist zu bedenken, dass nicht in jedem Fall der Einsatz rechnerunterstützter Werkzeuge der Informationsverarbeitung notwendig ist. Z.B. können fehlende Rechner in den Patientenzimmern und die dadurch bedingte papierba-

sierte Dokumentation der klinischen Befunde sehr wohl mit dem Ziel des Krankenhauses konform sein, den Patienten in den Mittelpunkt zu stellen.

4. *Soll-Vorgabe:* Aus der Analyse und Bewertung des derzeitigen Zustandes wird der zukünftige Zustand des KIS abgeleitet, durch den die strategischen Ziele des Krankenhauses besser unterstützt werden sollen. Für das künftige KIS ist einerseits zu prüfen, welche neuen Technologien und Entwicklungen berücksichtigt werden müssen. Andererseits ist zu klären, welche organisatorischen Verbesserungen des Informationsmanagements erforderlich sind und welche Konsequenzen dies z.B. für die personelle Ausstattung in diesem Bereich bat. Hierbei sollte – so dieser nicht bereits existiert – ein Chief Information Officer (CIO) eingeführt und seine Rolle ins Krankenhaus hinsichtlich Kompetenz und Verantwortung festgelegt werden.

5. *Migrationsweg:* Der letzte Abschnitt des Rahmenplans soll Schritt für Schritt aufzeigen, wie der Weg vom derzeitigen zum künftigen Zustand des KIS zu beschreiten ist. Es müssen die zu initiierenden Projekte des taktischen Informationsmanagements einschließlich der notwendigen Ressourcen (z.B. Personal, Investitionskosten, zeitlicher Aufwand) beschrieben werden. Auch zukünftige Betriebskosten sollten berücksichtigt werden. Die Projekte sind sowohl hinsichtlich ihrer Priorität als auch hinsichtlich ihrer Abhängigkeiten einzuordnen.

Diese grobe 5-Punkte-Struktur kann an die spezifischen Anforderungen eines individuellen Krankenhauses angepasst werden. Insbesondere sollte eine kurze Zusammenfassung der wesentlichen Aussagen und Anhänge, die die organisatorische Struktur, die personellen Ressourcen, die Gebäude, die Netzwerkarchitektur etc. beschreiben, den Rahmenplan ergänzen.

Steuerung. Neben der Rahmenplanung, die in größeren Zeitintervallen zu aktualisieren ist, ist die Steuerung eine ständige Aufgabe des strategischen Managements. Ziel der Steuerung ist die Umsetzung des Rahmenplans. Entsprechend der Zielvorgabe ist das KIS z.B. zu befähigen, Informationen über Patienten, medizinisches Wissen und Informationen über die Qualität der Patientenversorgung und über das Leistungs- und Kostengeschehen im Krankenhaus verfügbar zu machen. Die Steuerung erfolgt i.d.R. durch die Initiierung von Projekten, die sich mit dem Aufbau oder der Weiterentwicklung einzelner KIS-Komponenten befassen. Die Durchführung dieser Projekte fällt in den Bereich des taktischen Managements.

Überwachung. Auch die Überwachung ist eine ständige Aufgabe des strategischen Managements. Überwachung bedeutet die kontinuierliche Überprüfung, ob das KIS entsprechend dem Rahmenplan strukturiert ist und die Zielvorgaben erreicht werden. Z.B. muss fortlaufend geprüft werden,

- ob das Personal auf Station oder in den Ambulanzen die benötigten Informationen über Patienten (z.b. Befunde) so rechtzeitig und so vollständig erhält, wie es nach dem Stand der Technik möglich ist;
- ob auch nachts Wissen über aktuelle Therapieformen und die Wechselwirkungen der hierbei einzusetzenden Arzneimittel am Arbeitsplatz des Arztes verfügbar ist;
- ob das KIS der Krankenhausleitung ermöglicht, die Ertragslage des Hauses und den Zusammenhang zwischen verursachten Kosten und erwirtschafteten Erlösen korrekt zu beurteilen.

Die Ergebnisse der Überwachung können in Rückwirkung auf die Steuerung zur Initiierung weiterer Projekte des taktischen Managements oder in Rückwirkung auf die Planung zur Korrektur des Rahmenplans, d. h. zu Aktivitäten des strategischen Managements führen.

10.3.3. Taktisches KIS-Management

Im Vordergrund der Arbeit des taktischen Managements steht i.d.R. eine bestimmte informationsverarbeitende Aufgabe [HaLa98]. Die Organisation der Betreuung und Wartung informationsverarbeitender Werkzeuge zur Unterstützung bestimmter Aufgaben ist dabei Teil des operativen Managements. Wenn jedoch ersichtlich wird, dass bei der Erledigung der Aufgaben Probleme auftreten – weil z.B. informationsverarbeitende Werkzeuge die Aufgabe nicht adäquat unterstützen können – dann sind entsprechende Projekte im Rahmen des taktischen KIS-Managements erforderlich.

Projekte, die auf Grund der Überwachungstätigkeiten auf der strategischen Ebene als erforderlich erkannt worden sind, werden in der Planungsphase durch das taktische Management vorbereitet. Sie können sich z.B. auf folgende Themen beziehen:

- Weiterentwicklung einer medizinischen Basisdokumentation u.a. zur Sicherstellung der gesetzlich geforderten krankenhausweiten Qualitätssicherung;
- Einführung eines medizinischen Wissensservers;

- Einführung von Anwendungsbausteinen für die OP-Dokumentation, bei denen die Diagnosendokumentation, Maßnahmendokumentation, Leistungsdokumentation und die Schriftguterstellung (z.B. Arztbriefe) und –verwaltung integriert sind;
- Einführung von Anwendungsbausteinen für Dokumentation und integrierte Schriftguterstellung (z.B. Arztbriefe, Berichte, Befunde) und –verwaltung.

Phasenmodell. Zur Vorgehensweise bei der Planung, der Durchführung und dem Abschluss von Projekten für das KIS-Management legen wir als Vorgehens-Referenzmodell ein Phasenmodell zugrunde (siehe nachstehende Tabelle).

Planung	1. Projektplanung	
Durchführung (Steuerung)	2a. Systemanalyse	Projektbegleitung (Überwachung)
	2b. Systembewertung	
	2c. Systemauswahl	
	2d. Systembeschreibung	
	2e. Systemeinführung	
Abschluss	3. Projektabschluss	

Tabelle 3: „**Rahmenplanung für das Informationsmanagement im Krankenhaus nach [WiAm02]**"

Dabei ist zu beachten, dass zum einen nicht jedes Projekt auch jede Phase durchläuft. Zum anderen können Phasen innerhalb eines Projektes auch wiederholt werden, z.B. wenn nach Einführung einer Informationssystemkomponente die Situation analysiert und bewertet werden soll (Vorher/Nachher-Vergleich). Oh und wie umfangreich die sieben Phasen durchlaufen werden, hingt also von dem jeweiligen Vorgehensplan und insbesondere von der Frage– bzw. Aufgabenstellung des Projektes ab:

1. Die *Projektplanung* steht zu Beginn eines Projekts. Auf ihr aufbauend werden die weiteren Phasen durchgeführt. Projekte für das KIS-Management müssen vor ihrer Durchführung sorgfältig geplant werden. Andernfalls besteht in deutlich höherem Maße das Risiko, dass die durchgeführten Arbeiten nicht die gewünschten Ergebnisse erzielen bzw. zusätzliche, an sich unnötige Folgearbeiten nach sich ziehen. Das wiederum hat i.d.R. zur Konsequenz, dass zugesagte Zeiten für Projektabschlüsse überschritten werden und dass höhere Aufwände entstehen.

Nach Abschluss dieser Projektphase liegen als Ergebnis der Projektbeginn sowie als Dokumente die Bestätigung der Projektannahme, der (verabschiedete) Vorgehensplan und Dokumentationsrichtlinien vor.

2. Die *Projektbegleitung* schließt sich an die Projektplanung an und verläuft dann parallel zu allen übrigen Phasen der Projektdurchführung. Wenn ein Projekt sorgfältig geplant wurde, ist bereits ein wesentlicher Schritt getan, um die Projektziele zu erreichen. Nach der Planung muss ein Projekt aber auch weiterhin organisatorisch begleitet werden. Die Projektbegleitung dient der Kontrolle des Projekts im Hinblick auf die Einhaltung des Vorgehensplans und die Überwachung der Ergebnisse. Darauf basierend können bei Bedarf korrigierende Maßnahmen eingeleitet werden. Eine projektbegleitende Berichterstattung hält den jeweils aktuellen Stand des Projekts fest. Die Projektbegleitung selbst besteht aus fünf Phasen:

   a. Die *Systemanalyse* ist nach der Projektplanung die zweite Phase im Phasenmodell für Projekte für das KIS-Management. Sie wird in vielen Projekten durchlaufen. Ein Projekt wird dann initiiert, wenn ein Problem vorliegt, das es zu lösen gilt. i.d.R. sind aber Art und Umfang der Problemstellung zu Anfang noch nicht vollständig klar. Um den Problembereich beschreiben und die Ursachen und möglichen Lösungen ermitteln zu können, muss häufig zunächst das (Sub-) Informationssystem analysiert und beschrieben werden, das Gegenstand des Projekts ist. Je nach Art des Problems sollten noch andere (Sub-) Informationssysteme untersucht werden. Außerdem ist ggf. eine Marktanalyse notwendig. Nach Abschluss dieser Projektphase liegen als Dokumente die Beschreibung des (Sub-) Informationssystems des Krankenhauses, ggf. anderer (Sub-) Informationssysteme und eine Übersicht über Produkte auf dem Markt vor;

   b. Die *Systembewertung* wird nach der Systemanalyse des eigenen (Sub-) Informationssystems durchgeführt. Abhängig vom Vorgehensplan kann dies vor, während oder auch nach der Systemanalyse anderer (Sub-) Informationssysteme bzw. einer Marktanalyse erfolgen. Die meisten Projekte für das Management von Informationssystemen haben zum Ziel, ein bestehendes (Sub-) Informationssystem zu verbessern. Um genau festlegen zu können, welche Teile des (Sub-) Informationssystems unbefriedigend arbeiten, werden in der Systembewertung die Stärken und Schwachstellen des (Sub-) Informationssystems herausgearbeitet. Eine Soll-Zustandsbeschreibung zeigt auf, in welche Richtung die Verbesserung des (Sub-)

Informationssystems gehen soll. Für einen Vergleich werden auch andere (Sub-) Informationssysteme bewertet. Allerdings kann, trotz Verwendung von Bewertungsmethoden, die quantitative Ergebnisse erzeugen, eine objektive Bewertung in der Praxis nie erreicht werden. Daher sind einschlägige Aktivitäten und Methoden erforderlich, Um die Subjektivität kontrollierbar und Entscheidungen transparent zu machen. Nach Abschluss dieser Projektphase liegen als Dokumente die Bewertungskriterien für die Systembewertung, die Beschreibung des Soll-Zustands, die Einzel- und Gesamtbewertung des eigenen und anderer (Sub-) Informationssysteme und des Marktes sowie als Ergebnis die Entscheidung für ein Lösungsmodell vor;

c. Die *Systemauswahl* wird nach der Systembewertung durchgeführt, wenn auf Grund der Ergebnisse ein Softwareprodukt oder ein konventionelles Werkzeug zur Verbesserung des vorliegenden (Sub-) Informationssystems ausgewählt werden soll. Manche Projekte beginnen mit der Systemauswahl als erste Phase, sofern die Ziele des Informationsmanagements und die Schwachstellen des (Sub-) Informationssystems bereits bekannt sind. Wenn eine oder mehrere Komponenten eines (Sub-) Informationssystems ersetzt werden sollen, gibt es dazu meist unterschiedliche Möglichkeiten. Bei der Systemauswahl wird das optimale Softwareprodukt zur Unterstützung der entsprechenden Aufgaben ermittelt. Nach Abschluss dieser Projektphase liegen als Dokumente das Pflichtenheft, weitere Ausschreibungsunterlagen, die eingegangenen Angebote für ein Produkt und der Vergleich der Angebote sowie als Ergebnis die Entscheidung für ein Produkt vor;

d. Die *Systembereitstellung* folgt der Systemauswahl, wenn darin ein Softwareprodukt ausgewählt wurde, das im Unternehmen eingeführt werden soff bzw. der Entschluss zur (Eigen-) Entwicklung getroffen wurde. Es ist auch möglich, ein Projekt mit der Systembereitstellung zu beginnen. In vielen Projekten ist es nicht möglich, eine Komponente für ein (Sub-) Informationssystem direkt nach der Auswahl einzuführen. Um die Beschaffung eines Softwareprodukts in die Wege zu leiten und durchzuführen, sind oft mehrere Aktivitäten notwendig. Dies gilt vor allem auch für (Eigen-) Entwicklungen und Adaptierungen. Deshalb liegt die Systembereitstellung als eigene Phase zwischen der Systemauswahl und der Systemeinführung. Sie ist besonders wichtig bei rechnerunterstützten Werkzeugen. Die Systembereitstellung ist abgeschlossen, wenn auf der Basis des Softwareprodukts ein Anwendungsbaustein entstanden ist. Nach Abschluss dieser Projektphase liegen als Ergebnis der Anwendungsbaustein sowie als Dokumente die Beschreibung des Softwareprodukts, Handbücher, Verträge und / oder die Entwicklungsdokumentation des neu entwickelten Softwareprodukts bzw. Adaptierungsunterlagen vor;

e. Die *Systemeinführung* folgt im Anschluss an die Systembereitstellung. Bevor ein Anwendungsbaustein in Routine betrieben werden kann, sind meist noch recht umfangreiche Vorarbeiten nötig (z.B. Schaffung notwendiger Rahmenbedingungen, Schulung der Mitarbeiter, Inbetriebnahme). Nach erfolgreicher Abnahme durch den Projektauftraggeber kann der Anwendungsbaustein in den laufenden Betrieb übergeben werden. Nach dieser Projektphase liegen als Ergebnis die Rahmenbedingungen für den Betrieb und der Anwendungsbaustein im Betrieb sowie als Dokumente Schulungsunterlagen, das Abnahmeprotokoll und das Übergabeprotokoll vor. Nach Abschluss dieser Projektphase liegen als Ergebnisse das überwachte Projekt sowie Dokumente der Projektbegleitungsdokumentation mit der Verlaufsdokumentation und Zwischenberichten vor;

3. Der *Projektabschluss* steht immer am Ende eines Projekts, unabhängig davon, wie viele und welche Phasen es umfasst. Bei Abschluss eines Projekts werden die Ergebnisse in einem Abschlussbericht zusammengefasst und dem Projektauftraggeber präsentiert. Auf der Grundlage dieser Ergebnisse kann der Auftraggeber das Projekt formal für beendet erklären, indem er den Abschlussbericht verabschiedet. Nach dieser Projektphase liegen als Ergebnis das Ende des Projekts sowie als Dokumente der (verabschiedete) Abschlussbericht und Präsentationsunterlagen vor.

Steuerung. Im Rahmen des taktischen Managements erfolgt der steuernde Eingriff in das jeweilige KIS durch die Durchführung der geplanten Projekte. Es beinhaltet insbesondere die Zuweisung von Ressourcen, die Projektkoordination und die Motivation und Weiterbildung der Projektbeteiligten.

Überwachung. Eine Überwachung im Rahmen des taktischen Managements beinhaltet die kontinuierliche Kontrolle, ob die Projekte so ablaufen wie geplant und ob sie zu den gewünschten Ergebnissen führen. Die Ergebnisse der Überwachung wirken zurück auf die Planung, die u.U. Projektpläne zu überarbeiten und an die gegebene Situation anzupassen hat.

10.3.4. Operatives KIS-Management

Das operative KIS-Management umfasst die Planung, Steuerung und Überwachung, aber nicht die Durchführung (Betrieb) der operativen Aufgaben.

Planung. Planung bedeutet im Rahmen des operativen Managements die Bereitstellung aller Ressourcen (z.B. organisatorische Strukturen, finanzielle Mittel, Personal, Räume), die für einen reibungslosen KIS-Betrieb notwendig sind. Diese Ressourcen werden im Allgemeinen über einen längeren Zeitraum benötigt und sollten daher Teil des Rahmenplans sein.

Steuerung. Die Steuerung im Rahmen des operativen Managements beinhaltet alle Managementaufgaben, die sicherstellen, dass auf Fehler im KIS-Betrieb (z.B. Ausfall von Servern oder Anwendungsbausteinen) angemessen reagiert werden kann. Hierzu zählen der Betrieb eines angemessenen Benutzerservices (helpdesk), die Wartung von Rechnern genauso wie die Bereithaltung von Teams für die zeitnahe Reparatur von Modulen der physischen Werkzeugebene (z.B. Netzwerkkomponenten, Server, Rechner, Drucker). Die Reparatur eines Moduls selbst ist jedoch nicht die Aufgabe des operativen Managements, das lediglich die dafür notwendigen Dienste bereitstellt.

Überwachung. Überwachung im Rahmen des operativen Managements beschäftigt sich damit, die einzelnen KIS-Komponenten kontinuierlich daraufhin zu prüfen, ob sie angemessen und richtig arbeiten. Häufig werden Werkzeuge für das Netzwerk-Monitoring eingesetzt, die im laufenden Betrieb den Status der einzelnen Netzwerkkomponenten überprüfen. Genauso muss gewährleistet sein, dass Fehlermeldungen von Benutzern schnell an die verantwortlichen Dienste (Benutzerservice, helpdesk) weitergeleitet werden.

10.4. Sensitivitätsanalyse – Krankenhausinformationssysteme

Krankenhausinformationssysteme sollen helfen, angesichts der steigenden Kosten im Gesundheitswesen, die Patientenversorgung effizienter zu gestalten, da die Informationsverarbeitung in diesem Bereich ein großes Potential zur Optimierung der Abläufe in sich birgt (sowohl in der Patientenversorgung, als auch bei Forschung und Lehre). Neben Patientenabhängigem Wissen (Personalien,...) spielt das Patientenunabhängige Wissen eine große Rolle, da das aktuelle Wissen über Krankheiten und Therapien einem ständigen Wandel unterworfen ist und dennoch zeitnahe bereitgestellt werden muss. Sowohl die Orte der Informationsverarbeitung als auch der Informationsbereitstellung finden sich in allen Bereichen, allen Gebäuden und auch allen im Krankenhaus tätigen Personen. In einem arbeitsteiligen System werden Informationen oft nicht da erzeugt, wo sie benötigt werden; aus diesem Grund spielen der Informationstransport als auch die Informationsspeicherung (da früher erzeugte Informationen jederzeit abgerufen werden können) eine große Rolle.

Die verschiedenen Nutzergruppen eines KIS (Patienten, medizinisches Personal, Administration, …) haben unterschiedliches Interesse an bestimmten Informationen. Deshalb ist ein KIS keine Standardsoftware sondern muss individuelle für jede Einrichtung erstellt bzw. adaptiert werden, um die vielfältigen primären (von der Patientenaufnahme über die Leistungserstellung bis hin zur Patientenentlassung) und sekundären Aufgaben (Leistungsdokumentation, Ressourcenplanung, Administration…) eines Krankenhauses abdecken zu können.

Organisatorische Einflüsse sind Schlüsselfaktoren für den Erfolg (bzw. Misserfolg) von rechnerunterstützten Werkzeugen der Informationsverarbeitung, die Formulierung von strategischen Zielen (ökonomische, Gesundheitsförderung,…) sowie die Maßnahmenplanung zur Zielerreichung von oftmals widersprüchlichen Zielen im Gesundheitsbereich und die Steuerung des Erstellungsprozesses sind die Herausforderung an die KIS-Planung.

Im Modell (Abbildung 11) erkennt man die Verflechtung eines Krankenhausinformationssystems mit anderen Variablen hauptsächlich durch die hohe Passivsumme, die durch die hohe Integration anderer Variablen (z.B. Qualitätsmanagement, Umsetzung gesetzlicher Vorgaben und Medizinische Dokumentation sind Teilbereiche eines KIS, die abgedeckt werden müssen) und die dadurch entstehende Funktionsdichte der Applikation erklärt werden kann. Ein funktionelles KIS wiederum wirkt auf zahlreiche andere Variablen des Modells, da es diese Bereiche (beispielsweise die Unterstützung bei medizinischen Studien oder den Bereich Medizinische Bildverarbeitung) funktionell in das Softwarepaket integrieren sollte.

11. PATIENTENINTEGRATION IN MEDIZINISCHE INFORMATIONSKREISLÄUFE

Das vorangegangene Kapitel zu den Krankenhausinformationssystemen (KIS) hat die vielfältigen Informationsflüsse in der Medizin und im Gesundheitswesen umfassend dargestellt. Die dabei behandelten Verfahren und Methoden kommen dem Patienten selbst nur mittelbar zugute. Die direkte Einbeziehung des Patienten in die Aufgaben der Medizinischen Informatik wird schon in naher Zukunft eine größere Bedeutung erlangen, denn nur so kann die Medizinische Informatik auch unmittelbar dem Patienten helfen. Dieses Kapitel behandelt daher die derzeitige und künftige Stellung des Patienten im Gesundheitswesen und, daraus motiviert, zwei neue Gebiete der Medizinischen Informatik, die Patientenkarten und die Patienteninformierung.

11.1. Stellung des Patienten im Gesundheitswesen und in der Medizin

Die unterschiedlichen Beziehungen in den medizinischen Informations- und Handlungskreisläufen sind immer Zweierbeziehungen, denn der Patient steht einem Arzt, einem anderen Therapeuten oder einer Krankenpflegeperson gegenüber. Die gleiche Person muss sich in ihrer Rolle als Versicherter mit Beschäftigten im Gesundheitswesen (*professionals*, z.B. bei Krankenkasse, Gesundheitsamt, Sozialfürsorge) auseinander setzen. Die Beziehung zwischen der Medizin und dem Gesundheitswesen liegt außerhalb der Sphäre des Patienten. Sie dient der Richtlinienerteilung und den Leistungsvergütungen.

Die Abbildung 19 stellt diese Beziehungen dar und schließt die Abhängigkeiten und Informierungspflichten zwischen den Beteiligten mit ein.

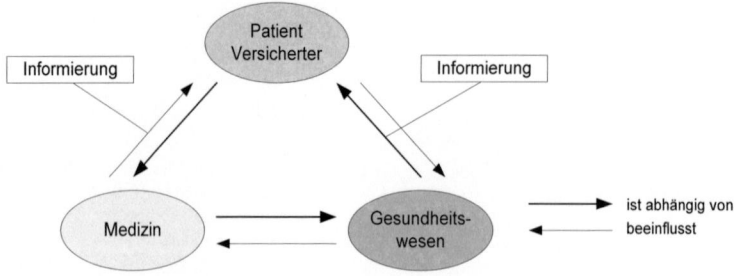

Abbildung 19: „Informationsbeziehungen von Patienten bzw. Versicherten" [ElKö93]

Zur Realisierung derartiger Informationssysteme müssen vordringlich die beobachteten

- soziologischen,
- politischen,
- rechtlichen und
- ethischen

Entwicklungstendenzen herangezogen werden. Die künftige Stellung des Patienten in der Medizin bzw. des Versicherten im Gesundheitswesen wird wesentlich stärker als bisher durch die Erkennung und die Akzeptanz von Verantwortung für sich selbst und den Selbstbestimmungswillen geprägt sein [ElKö93].

Verantwortung. Die grundsätzliche Erkenntnis, dass man als Mensch die Verantwortung für sich selbst hat, und nicht erst eigens übernehmen muss, setzt sich in unserer Gesellschaft immer weiter durch. Von dieser Verantwortung sind lediglich die Personen ausgenommen, die beispielsweise im Sinne des § 49 MPG[10] nicht (noch nicht oder nicht mehr) geschäftsfähig sind. In diesem Kontext muss die Verantwortung allgemein definiert werden, nämlich als Verantwortung für alle Taten, Handlungen oder auch Unterlassungen, die sich auf die Person selbst oder auf andere beziehen. Verantwortung ist nicht teilbar und nicht delegierbar. Die Erkenntnis der zwingenden Akzeptanz der Verantwortung für sein eigenes gesamtes Leben führt beim Patienten bzw. Versicherten fast immer direkt zur zweiten wesentlichen Erkenntnis, nämlich dass er zu wenig weiß, um die jeweils richtige Entscheidung für ein verantwortungsvolles Handeln zu treffen. Die Gesellschaft kann vom Patienten bzw. Versicherten aus ethischen Gründen diese Akzeptanz und das folgerichtige Handeln nur verlangen, wenn sie ihm auch das nötige Wissen verschafft oder zumindest entsprechende Quellen aufschließt.

Selbstbestimmung. Der Begriff der Selbstbestimmung, d.h. des Führens eines selbstbestimmten Lebens ist nicht neu. Bereits Marc Aurel (römischer Kaiser 161–180 n. Chr.) hat erkannt, dass Selbstbestimmung und Verantwortung für das eigene Handeln nicht trennbar sind [Aure92]. Mit den sich wandelnden Gesellschaftsstrukturen und den davon abhängenden Änderungen in den Kommunikationsstrukturen in inhaltlicher und technischer Hinsicht wird sich das informationelle Selbstverständnis und die Selbstbestimmung der Menschen und insbesondere des Patienten ebenfalls zielstrebig weiter entwickeln. Die z.Z. noch zu beobachtende Stellung des Menschen als in Netzwerke von Informationskanälen eingebundenes

---

[10] Medizinproduktgesetz

Glied, wo er quasi nur auf Anforderungen aus dem System reagieren kann und darf, bzw. sogar nur passiv konsumiert, wird sich zumindest in gesellschaftspolitischer Hinsicht umkehren. Die Menschen werden lernen und lernen wollen, zu agieren und die Möglichkeiten der jetzigen und abzusehenden Kommunikationstechniken für ihre Bedürfnisse auszunutzen. Diese Bedürfnisse werden mit steigender Erkenntnis weiter wachsen und sich detaillierter und deutlicher manifestieren.

Integration in Informationskreisläufe. Patienten werden sich selbst mit Hilfe der Träger des Gesundheitswesens und mit Hilfe der Beschäftigten in der Medizin in die bestehenden und in die in nächster Zukunft entwickelten Informationssysteme integrieren und damit auch als aktive Lieferanten adäquater Informationen auftreten, d. h. eigene Dokumentationen (z.B. Schmerztagebuch, Mutter / Kind-Protokoll, Allergietagebuch) liefern, die die Lebensqualität messen (vgl. Kap. 13.2). Die modernen technischen Möglichkeiten können dabei voll genutzt werden:

- Telefon, Telefax und E-Mail;
- elektronische Patientenakte (z.B. niedergelassener Arzt, Krankenhaus);
- Online-Recorder zum medizinischen Qualitätsmanagement (vgl. Kap. 13.6.3);
- Computer-Netzwerk mit medizinischer Wissensbasis.

Die in einigen Ländern (z.B. Frankreich, England) seit etwa zehn Jahren zu beobachtende Entwicklung des Gesundheitswesens in Richtung eines Shared Cares unterstützt die Einbindung des Patienten als aktiven Teil sowohl der Medizin als auch des Gesundheitswesens [ElKö93]. Der jetzt verwendete Begriff Integrierte Versorgung ist nur eine Teilmenge des Shared Care. Die Medizinische Informatik muss dazu die benötigten Modelle der Informationssysteme sowie Methoden und Werkzeuge entwickeln bzw. die schon vorhandenen Konzepte realisieren und betreiben [BrSc95], [Köhl95].

11.2. Patientenkarten und Professional Cards

Eines dieser künftigen Informationssysteme wird das patienteneigene Gesundheitsinformationssystem sein, das Patienten in Form der medizinischen Patientenkarte auf freiwilliger Basis erwerben können. Die Basis für solche Systeme einer standardisierten und strukturierten medizinischen Dokumentation sind schon vor 40-50 Jahren erarbeitet worden [Walm68]. Die technische Entwicklung ist nunmehr praktisch abgeschlossen und es stehen geeignete Medien zur Verfügung [Köhl92]. Die unterschiedlichen funktionalen Einsatzgebiete von Karten im Gesundheitswesen (Abbildung 20) werden in den darauf folgenden Abschnitten behandelt, wobei der Aufbau der für den umfassenden Einsatz benötigten Infrastruktur in Österreich z. T. noch einige Jahre dauern wird.

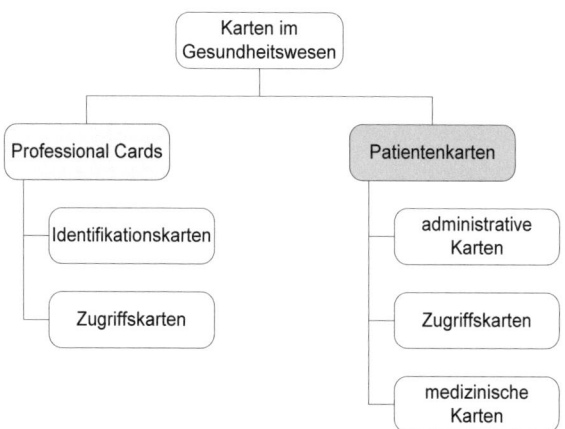

Abbildung 20: „Funktionale Ausprägungen von Karten im Gesundheitswesen" [Köhl92]

Technische Kartenarten. Karten sind für die verschiedensten Anwendungen (z.B. Kredit, Türschlüssel, Telefon) in der ganzen Welt weit verbreitet und in Bezug auf Abmessung, Stärke und Positionierung von Prägebereich, Magnetstreifen und Chip international standardisiert. Physisch unterscheidet man

- Prägekarten, die nur einen geprägten Schriftzug enthalten (z.B. Mitgliedsausweis);
- Magnetstreifenkarten (z.B. Türschlüssel in Hotels);
- Chip-Karten, die sich wiederum in die folgenden Varianten untergliedern:
    o Speicherkarten, einmal oder mehrfach beschreibbar (z.B. Telefonkarte);
    o Prozessorkarten mit einfachem Betriebssystem (z.B. Quickkarte);
    o Smart Cards (siehe unten);
- Optische Karten mit großer Speicherkapazität (z.B. Lasercards);
- Hybridkarten (siehe unten).

Smart Card. Die Smart Card hat die gleiche Größe und Dicke wie jede andere Chip-Karte, enthält in dem Chip aber zusätzlich einen Prozessor. Die Betriebssysteme der Prozessoren sind in Bezug auf ihren Platzbedarf wesentlich machtvoller als PC –Betriebssysteme. Es gibt nur sehr wenige Spezialisten, die derartige Betriebssysteme programmieren können. Diese Betriebssysteme gestatten z.B. das unabänderliche Abschotten von mehreren Bereichen (Dateien und Programme) auf dem Chip, deren Zugriff getrennt über mehrstufige Passworte gesteuert werden kann [Stru94a], [Stru94b]. Diese Abstufungen in der Zugriffsberechtigung spielen gerade für die Patientenkarten eine wichtige Rolle.

Hybridkarte. Die Kombination von mindestens zwei physischen Kartenarten wird als Hybridkarte bezeichnet. Damit sind fast alle heute gebräuchlichen Karten Hybridkarten (z.B. Prägekarte mit Magnetstreifen als Kreditkarte, Prägekarte mit Magnetstreifen und Chip als EC / Geldkarte).

Ebenfalls schon auf dem Markt erhältlich ist die Hybridkarte, die für die Medizin als Patientenkarte äußerst interessant ist. Sie ist auf der Vorderseite eine Chip–Karte und auf der Rückseite eine optische Karte. Der Coprozessor auf dem gleichen Chip ist immer ein Kryptoprozessor zur Verschlüsselung von Daten.

Für weiterführende Informationen zu den einzelnen Kartenarten sei auf [RiBü95], [Möhr95], [Köhl94] oder [LeMe02] verwiesen.

11.3. Patienteninformierung

11.3.1. Allgemeines

Untersuchungen haben ergeben, dass aufgeklärte, aktive Patienten schneller wieder gesund werden [BrMi89], [GrKa85], bzw. auch besser mit ihrer Gesundheit / Krankheit leben können. Durch den verbesserten Informationsstand der Patienten ist ein schnellerer Heilungsprozess und damit auch eine Kostensenkung zu erwarten [Slji97]. Andererseits belegen zahlreiche Studien, dass Patienten de facto nur mangelhaft informiert sind.

Beispiel: In Großbritannien kam eine Studie zu dem ernüchternden Ergebnis, dass 27 der Patienten der Studie nicht einmal wussten, welches Organ operiert wurde. Weitere 44% konnten das Prinzip des chirurgischen Eingriffs nicht nachvollziehen [ByNa88]. Alle Patienten der Studie hatten eine Einverständniserklärung unterschrieben und damit rechtsgültig zum Ausdruck gebracht, dass sie die Inhalte der Erklärung und der Behandlung vollständig verstanden hatten.

Aufklärung. Die Patientenaufklärung ist eine rechtlich verpflichtende Tätigkeit von Ärzten zur Erlangung einer Einverständniserklärung des Patienten zu diagnostischen und / oder therapeutischen Handlungen.

Informierung. Mit Informierung bezeichnet man alle Handlungen zur Vermittlung von Information, d.h. in Medien niedergelegtes Wissen. Die Patienteninformierung ist also umfassender als die Patientenaufklärung und muss viel früher ansetzen. Nur so kann die erste Entscheidung eines potentiellen Patienten unterstützt werden, nämlich ob er mit einem aufkommenden Problem allein fertig wird oder ob er (medizinische) Hilfe benötigt.

Beispiel: In den USA ist festgestellt worden, dass etwa zwei Drittel aller Patienten im Wartezimmer eines Arztes dort nicht säßen, wenn sie Grundlegendes über ihren Körper, die Biologie und die Medizin wüssten. Andererseits gehen etwa zwei Drittel aller Patienten, die dringend zum Arzt müssten, nicht (aus welchen Gründen auch immer) und müssen später umso mehr leiden und verursachen darüber hinaus erheblich höhere Behandlungskosten [Flow94].

11.3.2. Ursachen mangelnder Patienteninformierung

Ursachen und Konsequenzen der mangelnden Patienteninformierung in Deutschland können viele Ursachen haben und wurden schon häufig untersucht (beispielsweise [BMG00]). Häufig wird bemängelt, dass in der ambulanten Praxis ärztliche Ratschläge häufig deshalb nicht befolgt werden, weil Stresssituationen im Patienten / Arzt-Gespräch entstehen, die dazu führen, dass der Patient die Informationen nicht verstehen oder behalten kann. Als ursächliche Faktoren werden hierfür angesehen:

- Zeitmangel;

- psychische Erregung des Patienten auf Grund der ungewöhnlichen Situation;

- Nichteingehen des Arztes auf den individuellen Wissensstand des Patienten, z.B.
    - o wegen der Verwendung von Fachsprache oder
    - o auf Grund mangelnder Präsentationsqualität der Information.

Präsentationsqualität. Die zentrale Frage war und ist, wie eine Patienteninformierung mit hoher Präsentationsqualität in die Praxis umgesetzt und in die tägliche Routine implementiert werden kann:

- *Papiergestützt:* Mit herkömmlichen Methoden (z.B. Broschüren, Bücher, lose Blätter) stößt man sehr schnell an Grenzen. Sie sind teuer, nehmen in entsprechender Vorhaltung viel Platz ein und sind dennoch oft vergriffen, oder es gibt zu dem aktuellen Patientenproblem nichts Passendes. Daher werden diese Medien von den Patienten nur bedingt akzeptiert [Herg98];
- *Computergestützt:* Mit computergestützten multimedialen Informierungssystemen ist es möglich, umfangreiche spezifische Bibliotheken mit multimedialen Informationen aufzubauen, zu verwalten und über Netzwerke an allen Computerarbeitsplätzen ohne zusätzlichen räumlichen Platzbedarf bereitzustellen.

Resümee. Eine multimediale computergestützte Patienteninformierung, mit der die notwendigen Grundlagen den an medizinischen Inhalten interessierten Bürgern und Patienten vermittelt werden können, sollte als notwendig erachtet werden. Von dieser Einbeziehung des Patienten in den Entscheidungs- und Genesungsprozess wird eine Compliance-Verbesserung erwartet, d.h. eine erhöhte Bereitschaft zur Mitwirkung des Patienten an diagnostischen und therapeutischen Maßnahmen (z.B. Medikamenteneinnahme). Auch chronisch Kranke können auf diese Weise lernen, mit ihrer Krankheit besser umzugehen. Dadurch kann die Lebensqualität dieser Patienten erhöht werden, und es können teure Spätschäden vermieden oder gemindert werden [BMG00].

11.3.3. Multimediale computerunterstützte Realisierung

Ein großes Problem bei der Realisierung der multimedialen computerunterstützten Patienteninformierung stellt die Entwicklung und Bereitstellung von geeignetem Informationsmaterial dar. Derzeit verfolgt jede Institution eigene Behandlungsrichtlinien nach den eigenen Erfahrungen. Es gibt kaum allgemein-bindende Leitlinien. Hier ist ein generell neuer Ansatz notwendig. Eigenes Material (z.B. Bilder, Videos, Graphikpräsentationen) muss der multimedialen Bibliothek eines Patienteninformierungssystems hinzugefügt und nahtlos integriert werden können. Z.B. sollten eigene Bilder anstelle der Vorhandenen in bestehende Dokumente eingefügt werden können. Das Patienteninformierungssystem wird so zur Plattform, die schnell und effizient die notwendigen Informationsbausteine bereitstellt, damit sich der Berater (z.B. Arzt) ganz dem zu Beratenden (z.B. Patient) und dessen individueller Beratung widmen kann.

Integration. Der Zugriff auf die Informationsbibliothek muss schnell erfolgen können. Z.B. muss die Navigation so einfach sein, dass man nicht erst ein Handbuch studieren muss. Dieser schnelle Zugriff kann insbesondere dann erreicht werden, wenn das Informierungssystem des Arztes an bestehende Systeme (z.b. Praxisverwaltungssystem, KIS, Patientenverwaltungssystem) angebunden wird. So könnte z.b. ein Klick auf die Diagnose des Patienten ausreichen, um direkt alle für die Patienteninformierung notwendigen Medien (z.b. Texte, Bilder, Bewegtbilder, Literatur, Adressen, Kurzpräsentationen) zur Verfügung zu haben. Bei der Integration ist zu unterscheiden:

- *Krankenhaus:* Bei Integration in das routinemäßig eingesetzte Diagnosencodierungssystem können hieraus OP-Methoden visualisiert, die Anatomie kann plastisch veranschaulicht und weiteres Informationsmaterial kann zur Verfügung gestellt werden.

  Durch das laienverständliche, multimedial aufbereitete Material ist u. U. auch eine Delegierung der Patienteninformierung an einen Mitarbeiter möglich. In jedem Fall muss der Patienteninformierung ein fester Platz im Organisationsablauf der Krankenhausbehandlung eingeräumt werden;

- *Arztpraxis:* In einer Praxis der ambulanten Versorgung ist die Art des Vorgehens nicht grundsätzlich anders. Die Häufigkeit des Einsatzes dürfte geringer sein, denn die Patienten brauchen bei mehreren Besuchen zu einer ambulanten Behandlung i.d.R. keine oder nur wenige Wiederholungen. Deshalb kann der Integrationsgrad des Patienteninformierungssystems in das Praxisinformationssystem geringer sein als z.B. im Krankenhaus.

Präsentation. Ein wichtiger Bestandteil der modernen Patienteninformierung ist die Visualisierung. Sie ist zum einen attraktiv für die Patienten, fördert das Verständnis der medizinischen Information und vermeidet dem Laien unverständliche Fachwörter. Zum anderen zeigt eine Untersuchung [Mess95], dass rein akustische Informationen nur zu 5–20 % behalten werden können. Diese geringe Quote wird im Arztgespräch durch die Stresssituation (vgl. Abschn. 11.3.2) noch weiter verringert. Visuelle Information kann immerhin schon zu 20–30% erinnert werden. Durch gleichzeitiges Hören und Sehen können bis zu 60% der übermittelten Informationen behalten werden. Dies kann nur durch Diskussion (bis 70%) oder durch ein interaktives Selbstdurchführen (bis 100%) weiter gesteigert werden.

Für eine gute Compliance sollten die Gesprächsinhalte dem Patienten als Ergänzung zum Informationsgespräch noch einmal schriftlich mit den besprochenen Graphiken und Bildern mitgegeben werden können. Der Patient kann sich dann in Ruhe damit auseinander setzen und wichtige Informationen gehen nicht unter. Zusätzlich kann man diese Informationen mit dem eigenen Briefkopf versehen, somit die Beratungsleistung des Arztes noch einmal aufwerten und gleichzeitig auch noch etwas fürs Marketing tun, da gute Informationen vom Patienten u.U. auch weiter gegeben werden.

Beispiel. Systeme der beschriebenen Art sind fertig und auf dem Markt erhältlich. Teile davon sind auch bereits aus dem Internet abrufbar. Die Abb. „Screenshot vom Patienteninformierungssystem medintra" zeigt ein Beispiel aus dem Internet-basierten System medintra der Firma Iconmed in Köln (http://www.medintra.de), das inhaltlich bereits sehr breit gefächert und umfangreich ist. Die Abbildung der Lunge und der Bronchien ist einfach und übersichtlich gestaltet, verzichtet in den Bezeichnungen auf medizinische Fachtermini und ist somit auch für den medizinischen Laien verständlich.

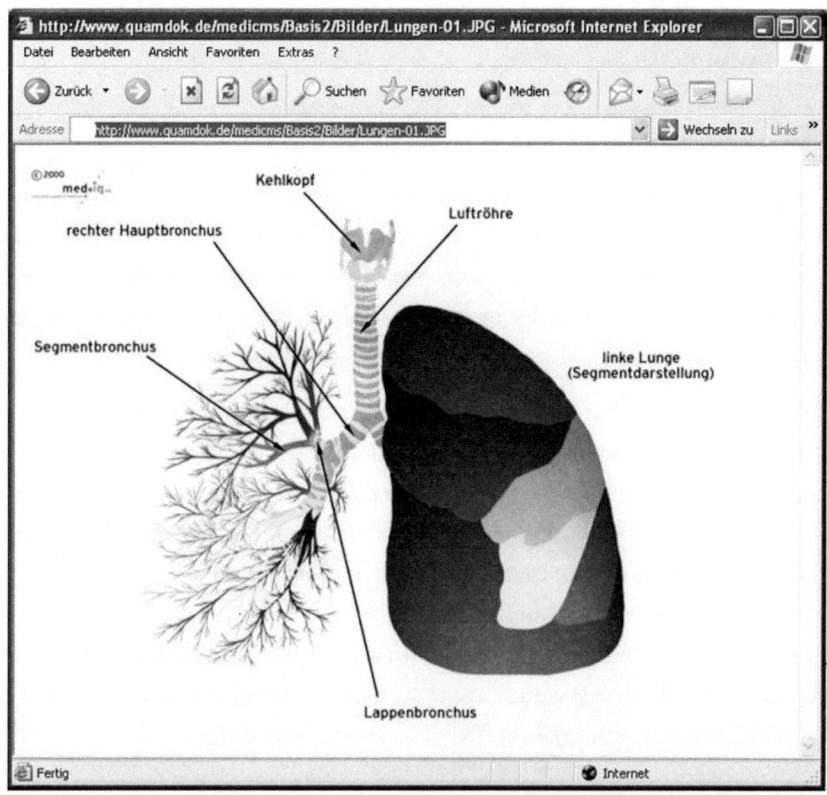

Abbildung 21: "Screenshot vom Patienteninformierungssystem medintra" (www.quamdok.de)

11.4. Sensitivitätsanalyse – Patientenintegration

Informationsflüsse innerhalb des Krankenhauses (in einem KIS-System) kommen dem Patienten selbst nur mittelbar zugute; die direkte Einbindung des Patienten in die Aufgaben der medizinischen Informatik erlangte in letzter Zeit immer größere Bedeutung, da jede Leistungserbringung im Gesundheitsbereich eine Zweierbeziehung zwischen Patient und Arzt auf der einen, sowie Patient (in der Rolle des Versicherten) und Beschäftigten im Gesundheitswesen (Krankenkasse,...) auf der anderen Seite ist, die für jeden Behandlungsfall individuell gestaltet wird.

Die Stellung des Patienten wird zukünftig wesentlich stärker dadurch gekennzeichnet sein, dass die Verantwortung Jeder für sich selbst tragen muss und der Patient einen hohen Grad an Selbstbestimmungswillen aufweisen wird. Deshalb ist es unerlässlich, Patienten in die Informationssysteme zu integrieren, sodass sie nicht nur Leistungen empfangen, sondern auch aktive Informationen liefern können.

Zusätzlich haben Studien gezeigt, dass aufgeklärte, aktive Patienten schneller wieder gesund werden und dass durch den schnelleren Heilungsprozess Kostensenkungen zu erwarten sind. Außerdem ist es für das Krankenhaus rechtlich verpflichtend, Patientenaufklärung zu leisten.

Eines der Hauptprobleme bei der Patienteninformierung ist die Entwicklung und Bereitstellung von geeignetem Informationsmaterial, sowie dessen Aufbereitung, Präsentation und Visualisierung.

Im Modell (Abbildung 11) erkennt man, dass der Variable „Integration des Patienten" eine sehr hohe Bedeutung zukommt, da diese die höchste Passivsumme des Modells aufweist. Der Patient ist im Gesundheitsbereich der „Kunde" und (fast) immer am Leistungserstellungsprozess beteiligt, dementsprechend wirken sehr viele andere auf diese Variable. In hohem Maße sind dies das Qualitätsmanagement (in Bezug auf die Patienteninformierung), die „Institutionen des Gesundheitswesens" (aufgrund gesetzlicher Vorgaben die Stellung des Patienten betreffend), sowie auch der „Staat" direkt und die Telematik (die beispielsweise mit der Telemedizin Möglichkeiten der Patienteninformierung offeriert). Die Variable selbst hat allerdings fast keinen aktiven Einfluss auf andere Variablen des Systems, mit Ausnahme auf den Patienten selbst.

12. TELEMATIK IM GESUNDHEITSWESEN

Der Einsatz von Kommunikationstechnologie für medizinische Zwecke geht auf die Mitte des 19. Jahrhunderts zurück [Woot99a]. Z.B. wurde bereits Ende des 19. Jahrhunderts die Ausrüstung zur Übertragung eines Röntgenbildes per Telegraphie entwickelt. Seither werden Telegraphie, Telefon, Funk und Fernsehen benutzt, um räumliche Distanzen bei der medizinischen Versorgung zu überbrücken: Zunächst (in den 1920er Jahren) waren Seeleute und Flugzeugbesatzungen die primäre Zielgruppe. Die Fernsehtechnologie kam dann (in den 1950er Jahren) in der Psychiatrie zur Anwendung. Heute wird drahtlose Kommunikation u.a. auch für die Notfallversorgung und für die Fernüberwachung von Patienten eingesetzt. Darüber hinaus kommen im Gesundheitswesen zunehmend Internet-Technologien zur Anwendung. Wesentlich für diese Entwicklung war der Technologieschub in den späten 1980er Jahren: Neue digitale Kompressions- und Übertragungstechnologien sowie die stärker werdende Forderung nach besserem Zugriff auf medizinische Leistungen forcierten die Entwicklung videokonferenzgestützter und telemedizinischer Anwendungen. Dies betraf zunächst insbesondere teleradiologische Dienste.

In den USA ist ein exponentielles Wachstum bei Telekonsultationen sowie bei aktiv genutzten Telemedizinprogrammen zu verzeichnen [Woot99b]. 75% der Konsultationen basieren auf interaktivem Video, 25% beschränken sich auf die unidirektionale Weiterleitung zwischengespeicherter Daten (store and forward). Ähnliche Wachstumszahlen werden für Australien (mit 70% der videobasierten Telemedizinanwendungen im Bereich der Telepsychiatrie) und Japan (Hauptanwendungen dort sind Teleradiologie und Telepathologie) angegeben. Im restlichen asiatisch-pazifischen Raum gibt es nur vereinzelte Anwendungen (z.B. in Ozeanien, Malaysia, Hong Kong). In Lateinamerika ist vor allem Argentinien mit Telematikprojekten für die Medizin aktiv. Weitere Projekte gibt es in Costa Rica, Uruguay und Mexiko.

In Europa wurden bereits zahlreiche Einzelprojekte durch die Europäische Kommission gefördert. Derzeit liegt der Schwerpunkt der meisten Aktivitäten auf der Implementierung von Telematikanwendungen in medizinische Versorgungsprozesse. Zu den auf diesem Gebiet aktivsten europäischen Ländern gehören – gemessen an der Zahl der Originalpublikationen – Großbritannien, Norwegen, Italien und Österreich [Woot99b], [EHTO01], [EHTE01]. In Russland wurde die Telemedizin bislang vor allem durch das ehrgeizige Raumfahrtprogramm vorangetrieben. Diese Impulse sind in diesem Jahrzehnt jedoch stark zurückgegangen. Das vorliegende Kapitel fokussiert medizinische Telematikanwendungen im deutschsprachigen Raum.

12.1. Grundlegende Begriffe und Definitionen

Das junge Fachgebiet der Telematik im Gesundheitswesen ist derzeit noch von einer heterogenen Begrifflichkeit gekennzeichnet, die sich erst allmählich konsolidiert. Dies macht bereits die Bezeichnung des Fachgebietes selbst deutlich. Während bei der Weltgesundheitsorganisation (WHO) von Telematik im Gesundheitswesen gesprochen wird und darin die vier Bereiche

- Patientenversorgung,
- Lehre,
- Forschung und
- Management

unterschieden werden, wird im deutschsprachigen Raum der Begriff Telemedizin auch synonym für das gesamte Fachgebiet verwendet. Der Sprachgebrauch in diesem Kapitel hält sich jedoch an die Definitionen der WHO.

Telematik im Gesundheitswesen. Telematik im Gesundheitswesen (health telematics) ist ein Sammelbegriff für gesundheitsbezogene Aktivitäten, Dienste und Systeme, die über eine Entfernung hinweg mit Mitteln der Informations- und Kommunikationstechnologie ausgeführt werden: zum Zweck globaler Gesundheitsförderung, Krankheitskontrolle und Krankenversorgung sowie für Ausbildung, Management und Forschung für das Gesundheitswesen [WHO98]. Die Telematik im Gesundheitswesen umfasst somit die vier Funktionsbereiche

- Telemedizin (Patientenversorgung),
- Teleausbildung (Lehre),
- Telematik für die medizinische Forschung und
- Telematik für das Gesundheitsmanagement,

die sich in das allgemeine Informationsmodell der medizinischen Versorgung [Gier86] gemäß ihren jeweiligen Hauptadressaten bzw. Hauptzielen einordnen lassen (Abbildung 22).

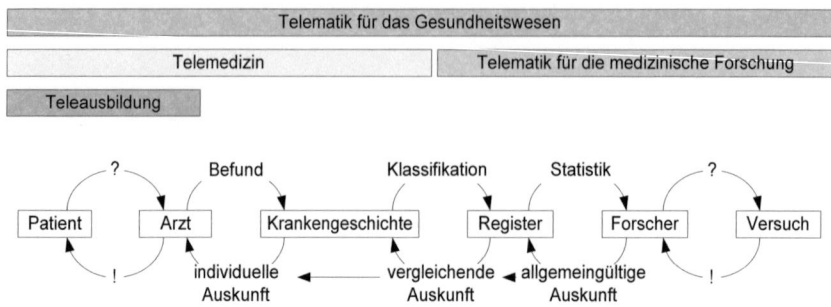

Abbildung 22: „Bereiche der Telematik im Gesundheitswesen in Relation zum Informationsmodell nach [Gier86]"

Telemedizin. Die Telemedizin (telemedicine) ist die Erbringung von Gesundheitsdienstleistungen (healthcare services) durch Berufstätige im Gesundheitswesen (healthcare professionals). Unter Verwendung von Informations- und Kommunikationstechnologie zum Austausch gültiger Informationen für Diagnose, Therapie und Prävention von Krankheiten und Verletzungen, für Forschung und Bewertung sowie für die kontinuierliche Ausbildung von Dienstleistern im Gesundheitswesen (healthcare service providers) im Interesse der Förderung der Gesundheit von Individuen und ihren Gemeinwesen. wenn dabei die räumliche Entfernung einen kritischer Faktor darstellt [WHO98].

Teleausbildung. Die Teleausbildung im Gesundheitswesen (tele-education for health) umfasst das gesamte Spektrum von Fernaus- und Fernweiterbildung für Berufstätige im Gesundheitswesen und zur Gesundheitsaufklärung für den Bürger und Patienten. Teleausbildung ist ein dynamischer Prozess, durch den die Veränderung des Lernenden in Bezug auf Verhalten, Wissen, Information und Fähigkeiten gefördert wird. Dies geschieht mit Hilfe von Informations- und Kommunikationstechnologie von und für Patienten, Berufstätige im Gesundheitswesen und das Gemeinwesen mit dem Ziel, die Gesundheit zu verbessern [WHO98].

Telematik für die medizinische Forschung. Die Telematik für die medizinische Forschung (telematics for health research) umfasst jegliche Unterstützung wissenschaftlicher Arbeiten mit den Mitteln der Informations- und Kommunikationstechnologie im Bereich des Gesundheitswesens im Allgemeinen und der Medizin als Fachdisziplin im Besonderen. Ein Schwerpunkt liegt dabei auf der Unterstützung von Studien, insbesondere von multizentrischen Studien [WHO98].

Telematik für das Gesundheitsmanagement. Die Telematik für das Gesundheitsmanagement (telematics for health services management) umfasst die Nutzung von Informations- und Kommunikationstechnologie für die Planung, Implementierung, Finanzierung und Evaluierung von Krankheitskontrolle und Gesundheitsversorgung. Darüber hinaus umfasst sie die Bewertung von Qualität, Effizienz und Effektivität der Leistungserbringung sowie das Überwachen von Gesundheitskenngrößen, die Gesundheitsberichterstattung und das Management von personellen und technischen Ressourcen [WHO98]. Aufgrund des strategischen Charakters des Gesundheitsmanagements wird dieses in Kapitel 12.3 ausführlicher erläutert.

12.2. Telematik im österreichischen Gesundheitswesen

Aktueller Stand. Der aktuelle Stand der Telemedizin ist wie folgt gekennzeichnet [Woot99b]:

- Es existiert die Technologie, um die meisten Telemedizinanwendungen zu realisieren;
- Die Probleme sind hauptsächlich nicht-technisch (z.B. organisatorisch, personell);
- Derzeit besteht noch ein eklatanter Mangel an Forschungsergebnissen zur Telemedizin. Insbesondere fehlen gesicherte quantitative Informationen zur Kosteneffizienz.

Trends. Nach der ersten Dekade moderner Telemedizin von 1990–1999 lassen sich derzeit auch im deutschsprachigen Raum folgende Trends identifizieren [Alle99]:

- Die Telemedizin wird immer weniger als isolierte Einzelanwendung betrachtet;
- Die Technologiekosten für Hardware, Software und Übertragung fallen;
- Die Forschung in den wichtigen Bereichen
    o Wirksamkeit,
    o Benutzerzufriedenheit und
    o Kosteneffizienz

macht rapide Fortschritte;
- Allgemeine Datenübertragungsstandards werden (weltweit) akzeptiert;
- Die Sicherheitsanforderungen können technologisch erfüllt werden;

- Die Telemedizin wird zunehmend in die Lehrpläne für ärztliche und pflegerische Berufe aufgenommen;
- Das Internet wird mit kostengünstigen Technologien und Protokollen innerhalb weniger Jahre der Hauptträger der Telematik im Gesundheitswesen werden.

Probleme. Zu den wesentlichen Problemen gehören folgende Themenkomplexe [LaLa00]:

- *Fehlender Nutzen:* Oft fehlt es bei den heutigen Szenarien an beidseitigem Nutzen für Anbieter und Anwender. Insbesondere fehlen zuverlässige, langfristige Vergütungsmechanismen. Die Anreize für Berufstätige im Gesundheitswesen, ihr Verhalten so zu ändern, dass die Vorteile telematischer Unterstützung zum Tragen kommen, sind noch sehr begrenzt;
- *Fehlende Anforderungsanalysen:* Die Bedürfnisse der potentiellen Nutzer Ärzte und andere Berufstätige im Gesundheitswesen sowie Patienten wurden bisher nicht ausreichend analysiert und bewertet;
- *Unzureichende Rechtsgrundlagen:* Die rechtlichen Rahmenbedingungen für den Einsatz der Telematik in der Medizin sind z.T. noch nicht geklärt. Insbesondere betrifft dies haftungsrechtliche Fragen;
- *Psychologische Barrieren:* Bei vielen Beteiligten löst die Vision eines mit Hilfe der Telematik vollständig vernetzten Gesundheitswesens Befürchtungen bezüglich Datenmissbrauch sowie der Entfremdung von Patient und Arzt aus;
- *Fehlende Evaluierung:* Aufgrund der Schwierigkeit, die Effizienz von Telematikanwendungen objektiv zu messen, konnte bisher nur wenig Verlässliches über die Auswirkungen derartiger Systeme ausgesagt werden. Damit fehlen auch wichtige Grundlagen für Kaufentscheidungen.

Perspektiven. In einigen Teilbereichen des Telematikeinsatzes gibt es auf Grund der in anderen Ländern gemachten Erfahrungen erste Ergebnisse zu den Auswirkungen der Telematik auf das Gesundheitswesen insgesamt (und damit auch auf das österreichische) [LaLa00]:

- *Geändertes Überweisungsverhalten:* Erfahrungen aus Norwegen zeigen, dass nach Einführung von Telekonsultationsdiensten die Ärzte der Primärversorgung Routinefälle seltener, aber komplizierter Fälle öfter als vorher an Spezialisten überwiesen haben;

- *Qualitätsverbesserung für entlegene Gegenden:* Teleassistenz für Chirurgen in entlegenen Gegenden bei laparoskopischen Eingriffen erbrachte in den USA (Yale University) deutliche Qualitätsverbesserungen.

Datenschutz und -sicherheit. Die Anforderungen für telemedizinische Anwendungen in Österreich ergeben sich aus den einschlägigen Gesetzen und sonstigen rechtlichen Rahmenbedingungen. Bei Überschneidungen haben jeweils Vorrang:

1. das Strafgesetzbuch (StGB);
2. das Sozialgesetzbuch (SGB);
3. das Datenschutzgesetz (DSG)

Des Weiteren sind von Bedeutung:

- das Telekommunikationsgesetz (TKG),
- die Gesetze und Verordnungen zur elektronischen Signatur (SigG, SigV) und
- die in der Entwicklung befindliche Verordnung zur elektronischen Unterschrift (VEU).

Eine einschneidende Änderung im Kontext der Telematik ist die neu geregelte Datenübermittlung an die Krankenkassen. Für alle Kliniken wurde die elektronische Übermittlung fallbezogener Leistungsdaten zur Pflicht.

Relevante Tatbestände. Aus den rechtlichen Rahmenbedingungen ergeben sich für die Telemedizin relevante Tatbestände:

- *Computerbetrug:* Das Verfälschen von Computerdaten oder -programmen in der Absicht, sich oder einem Dritten rechtswidrig einen Vermögensvorteil zu verschaffen;
- *Datenmanipulation:* Das rechtswidrige Löschen, Unterdrücken, Unbrauchbarmachen oder Verändern von Daten ;
- *Computersabotage:* Die absichtliche Schädigung von Computern oder Datenträgern, die für eine Einrichtung von wesentlicher Bedeutung sind.

Ärztliche Dokumentationspflicht. Der Arzt ist im Rahmen des medizinischen Behandlungsprozesses gemäß §51 Ärztegesetz (ÄrzteG) verpflichtet, über die Patientenbehandlung eine Dokumentation zu führen. Sie muss insbesondere die diagnostischen und therapeutischen Maßnahmen in ihrem zeitlichen Verlauf dokumentieren und auch für Dritte (z.B. weiterbehandelnder Arzt, Gutachter) nutzbar sein.

Ärztliche Schweigepflicht. Für die Telematik im Gesundheitswesen stellt die ärztliche Schweigepflicht ein besonders kritisches Problemfeld dar. Sie leitet sich beispielsweise von §121 StGB (Berufsgeheimnisse) ab.

Zweckbindung von Patientendaten. Patientendaten dürfen nur zu dem Zweck verwendet werden, zu dem sie erhoben wurden. Jede andere Nutzung, etwa zu Forschungszwecken oder für Informationsdienste, bedarf der Einwilligung (wirksame Erklärung) des Patienten (Art.20 Vereinbarung zur Sicherstellung von Patientenrechten – Patientencharta). Eine solche wirksame Erklärung muss umfassend bezeichnen,

- wer (d. h. Empfänger der Daten),
- was (d. h. Inhalt der Daten),
- zu welchem Zweck (d. h. Zweckbindung)

erhalten darf. Eine weniger umfassende, unspezifische Erklärung ist nach geltender Rechtsauffassung unwirksam.

Anforderungen. Bei telemedizinischen Anwendungen stehen drei Grundqualitäten im Mittelpunkt der Betrachtungen:

- *Vertraulichkeit von Information:* Die Information ist jederzeit und überall vor dem Zugriff Unberechtigter zu schützen;
- *Integrität von Information:* Die Information muss gegen unautorisierte Veränderung geschützt werden;
- *Verfügbarkeit von Information:* Die Information soll für ihren zweckgemäßen Gebrauch zur Verfügung stehen.

Die beiden erstgenannten Qualitäten stehen in Konflikt mit der zuletzt genannten. Je stärker die Sicherheitsmechanismen, desto stärker eingeschränkt ist die Verfügbarkeit von Informationen und desto umständlicher der Zugriff auf die Daten.

Schutzstufen. Nach dem Schweregrad der Folgen einer Verletzung der Vertraulichkeit lassen sich fünf Datenarten hinsichtlich ihrer Schutzbedürftigkeit unterscheiden [DFN96]:

1. frei zugängliche Daten (z.B. Adressbücher);
2. personenbezogene Daten, deren Missbrauch keine besondere Beeinträchtigung des Betroffenen erwarten lässt (z.B. beschränkt Öffentliche Ausschreibung);

3. personenbezogene Daten, deren Missbrauch den Betroffenen in seiner gesellschaftlichen Stellung oder in seinen wirtschaftlichen Verhältnissen beeinträchtigen kann (z.B. Einkommen, Sozialleistungen, Ordnungswidrigkeiten);

4. personenbezogene Daten, deren Missbrauch den Betroffenen in seiner gesellschaftlichen Stellung oder in seinen wirtschaftlichen Verhältnissen erheblich beeinträchtigen kann (z.B. Unterbringung in Anstalten, Straffälligkeit, Schulden, Pfändungen);

5. Daten, deren Missbrauch Gesundheit, Leben oder Freiheit des Betroffenen beeinträchtigen kann (z.B. schwere Krankheitsbefunde wie Aids oder Krebs).

Umsetzung. Vor der technischen oder organisatorischen Umsetzung muss eine genaue Analyse der Daten, den ihnen zukommenden Schutz- und Sicherheitsstufen sowie der möglichen Bedrohungen durchgeführt werden. Auf Basis dieser Sicherheitsanalyse sind notwendige Maßnahmen zu definieren. Dabei muss auch die Kostenseite in die Betrachtung einbezogen werden: Je höher die Sicherheitsanforderungen, desto teurer die technischen und organisatorischen Maßnahmen zu ihrer Realisierung. Zur technischen Umsetzung der genannten Anforderungen stehen Methoden zur Datenverschlüsselung (Kryptographie), zum Aufbau geschützter Verbindungen bzw. Netze sowie zur digitalen Signatur von Daten zur Verfügung.

12.3. Telematik für das Gesundheitsmanagement

Gesundheitsaufklärung, (frühzeitige) Diagnose von Erkrankungen, Behandlung und Betreuung von Patienten müssen zwischen verschiedenen Personen und Institutionen, die an diesem Prozess beteiligt sind, abgestimmt werden. Diese komplexe Aufgabe ist Gegenstand des Gesundheitsmanagements. Im globalen Maßstab spielen die Kontrolle von Krankheiten und ihrer Ausbreitung (Epidemien), die Versorgung aller Menschen mit Gesundheitsleistungen sowie Gesundheitsaufklärung eine zentrale Rolle [WHO98]. Im nationalen Rahmen einzelner Industrieländer stehen dagegen die Ziele der Qualitätssicherung und der Kostendämpfung im Vordergrund, zu deren Erreichung die Einführung eines modernen Gesundheitsmanagements als erforderlich erachtet wird. Die elektronische Vernetzung der Beteiligten per Telematik ist unerlässliche Basis eines solchen Managements [RBP97], [BMG98].

Struktur. Die verschiedenen Bereiche des Gesundheitsmanagements lassen sich in Form einer Pyramide darstellen (Abbildung 23):

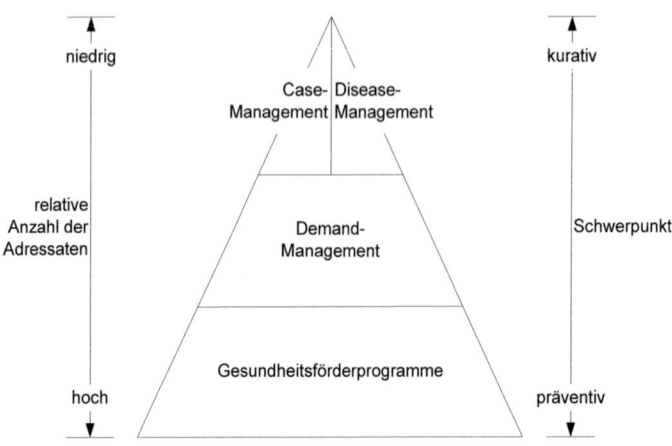

Abbildung 23: „Gesundheitsmanagementpyramide" [BMG98]

- Mit *Gesundheitsförderprogrammen* soll durch Aufklärung der Bevölkerung die Anzahl bzw. der Schweregrad von Krankheiten reduziert werden (große Zahl von Adressaten, präventiver Schwerpunkt);

- Durch das *Demand Management* sollen Gesundheitsinformationssysteme und persönliche Informationsdienste so gesteuert werden, dass die Versicherten kompetente Informationen über Behandlungsmethoden und Versorgungsstrukturen bekommen, um die ihren Anforderungen (demands) entsprechenden Gesundheitsdienstleistungen gezielt auswählen und in Anspruch nehmen zu können;

- Beim *Case Management* handelt es sich um ein Instrument zur integrierten Versorgungssteuerung, das auf den individuellen Fall (case) fokussiert. Meistens liegt dabei der Schwerpunkt in der Optimierung der administrativen Abläufe [Greu00];

- Das *Disease Management* dient zur Steuerung der Behandlung und Betreuung von Patienten mit definierten Gesundheitsstörungen. Im Zentrum des Disease Managements stehen verbindliche und integrale Behandlungs- und Betreuungsprozesse über ganze Krankheitsverläufe und über institutionelle Grenzen hinweg, die auf Grund medizinischer Evidenz festgelegt und bezüglich Qualität, Ergebnis und Kosten innerhalb definierter Rahmen liegen [Greu00].

Ziele. Durch eine Verknüpfung der Abschnitte Diagnosestellung, Therapie und Behandlungsergebnis (outcome) zu einer Prozesskette werden Qualitätssicherungsmaßnahmen und die Definition von Vorgehensweisen mit dem besten Ergebnis möglich gemacht. Der Patient kann dadurch die optimale, wissenschaftlich validierte und statistisch abgesicherte Behandlung erhalten. Der Gesundheitsdienstleister gewinnt Sicherheit bei der Auswahl der diagnostischen und therapeutischen Maßnahmen. Der Vorteil für die Gesellschaft als Ganzes besteht in bestmöglicher Versorgungsqualität bei optimaler Kostenkonfiguration. Die Gesundheitstelematik ermöglicht die effiziente Erfassung und Verarbeitung der dafür notwendigen Daten [RBP97].

Auswirkungen. Weltweit existieren viele telemedizinische Einzelanwendungen, die die Erbringung von Gesundheitsleistungen im jeweiligen Umfeld praktisch verändert haben. Für einen Erfolg der Telematikunterstützung des Gesundheitsmanagements bedarf es jedoch der flächendeckenden Einführung von Anwendungen (z.B. elektronische Patientenakte). Es ist zwar allgemein bekannt, dass bereits die Einführung der Telefonie und der Telefaxübertragung einen großen Einfluss auf das Gesundheitsmanagement hatte, doch fundierte Studien auf einer breiten Basis sind nie gemacht worden. Die Auswirkungen der Telematik auf das Gesundheitsmanagement werden als noch größer prognostiziert [LaLa00].

12.3.1. Patientenorientierte Versorgungsprozesse

Eine stets aktuelle, ortsunabhängig verfügbare elektronische Patientenakte in Verbindung mit telemedizinischen Diensten, insbesondere der Telekonsultation, kann den Informationsfluss zwischen ambulanter und stationärer Versorgung deutlich verbessern. denn aus dem heute überwiegend schlechten Informationsfluss entstehen Qualitätsmängel in der Behandlung (z.B. verzögertes Einleiten der Therapie), Fehldiagnosen oder Doppeluntersuchungen. Dem Gesundheitswesen entstehen zudem hohe Kosten durch unnötige Patiententransporte, vermeidbare stationäre Aufenthalte oder Doppeluntersuchungen. Durch eine Verlagerung der vorstationären Abklärung in den ambulanten Bereich könnte man eine weitere Kostenreduktion erzielen [LaLi99].

12.3.2. Qualitätsmanagement

Der Einsatz von Telematik kann das Qualitätsmanagement im Gesundheitswesen auf verschiedenen Ebenen Unterstützen. Hier sollen exemplarisch drei Beispiele herausgegriffen werden:

Informationssystem für die Gesundheitsberichterstattung. Ein Informationssystem für Gesundheitspolitiker und die Öffentlichkeit, das statistisch aufbereitete Informationen über das gesamte Gesundheitswesen zur Verfügung stellt, liefert Basisdaten für politische Entscheidungen und das Qualitätsmanagement.

Strukturdaten aus umfassender Dokumentation. Der Erfolg bei Behandlung von Erkrankungen mit seltenen Therapien hängt oft von der Häufigkeit ab, mit der eine medizinische Einrichtung diese Therapie in der Praxis anwendet. Durch vollständige Telematikunterstützung im Gesundheitswesen können die für einen in diesem Sinne besseren Patientenfluss erforderlichen Strukturdaten im Rahmen einer effizienten und einheitlichen Dokumentation gesammelt und den einweisenden Ärzten und der Bevölkerung zur Verfügung gestellt werden [LaLi99].

Qualitätssicherung in der Gesundheitsförderung. Die Notwendigkeit der Qualitätssicherung ergibt sich als logische Konsequenz aus dem ethischen, gesellschaftlichen und gesetzlichen Auftrag zur Gesundheitsförderung und umfasst folgende Schritte:

1. wissenschaftliche Voruntersuchung des Problems (z.B. Ätiologie, Gesundheitsberichterstattung);

2. Überblick über die gesundheitliche Problemlage (Ist-Analyse);

3. Zielbestimmung;

4. Interventionsstrategien, die diesen Zielen angemessen sind;

5. Evaluationsmethoden, die den Strategien und Maßnahmen angepasst sind;

6. Gesamtbewertung der Ergebnisse im gesundheitspolitischen Kontext.

Im nächsten Kapitel wird das Qualitätsmanagement im Gesundheitsbereich (nicht nur aus Sicht der Telematik) genauer beleuchtet.

12.4. Sensitivitätsanalyse – Telematik

Kommunikationstechnologie für medizinische Zwecke wurde bereits im 19. Jahrhundert angewandt, eine entscheidende Entwicklung für den Durchbruch im Gesundheitswesen war jedoch das Auftreten von Internet-Technologien; dadurch ist heute ein exponentielles Wachstum bei medizinischen Anwendungen in den Bereichen Patientenversorgung, Lehre, Forschung und Management in der Telematik im Gesundheitswesen festzustellen.

Der aktuelle Stand ist dadurch geprägt, dass die Technologie für solche Anwendungen zwar vorhanden wäre, jedoch durch hauptsächlich nicht-technische Probleme (fehlender Nutzen, fehlende Anforderungsanalysen, psychologische Barrieren,...) gebremst werden; ebenso fehlen meist gesicherte quantitative Informationen zur Kosteneffizienz.

Ein weiterer Punkt ist der Datenschutz bzw. die Datensicherheit in diesem Bereich; einerseits besteht für die Krankenhäuser die Pflicht zur Datenübermittlung, andererseits muss seitens des Gesetzgebers die Privatsphäre geschützt werden; deshalb stehen die grundsätzlichen Anforderungen bei telemedizinischen Anwendungen (Vertraulichkeit, Integrität und Verfügbarkeit von Information) miteinander in Konflikt. Auf der Basis von Sicherheitsanalysen sind deshalb Methoden zur Datenverschlüsselung und zur digitalen Signatur von Daten zu entwickeln und anzuwenden.

Im Bereich der Telemedizin sind vielfältigste Ziele (ortsnahe und ortsunabhängige Versorgungsqualität, vollständige Verfügbarkeit, garantierte Vertraulichkeit,...) abzudecken; in der Teleausbildung spielt die Tatsache herein, dass medizinische Fachgebiete einem raschen Wandel unterliegen.

Gesundheitsaufklärung und Patientenbetreuung müssen zwischen verschiedenen Institutionen, die an diesem Prozess beteiligt sind, abgestimmt werden, das mitunter eine sehr komplexe Aufgabe darstellt: im globalen Maßstab(Kontrolle und Ausbreitung von Krankheiten) genauso wie auf nationaler Ebene (Qualitätssicherung und Kostendämpfung).

Das Ziel in diesem Bereich muss ein, alle Abschnitte (Diagnosestellung, Therapie und Ergebnis) zu einer Prozesskette zusammenzufügen, sowie flächendeckend Anwendungen des Gesundheitsmanagements (z.B. elektronische Patientenakte) einzuführen sowie – in bestimmten Fällen – eine Fernbetreuung des Patienten zu ermöglichen.

Das Modell (Abbildung 11) lässt eine starke Verflechtung der Variable sowohl auf der Aktiv- als auch auf der Passivseite erkennen. Die aktive Wirkung wirkt hauptsächlich auf die

Patientenintegration (durch Möglichkeiten des Informationstransportes zum Patienten und den dadurch verbundenen Integration des Patienten in den Informationsfluss), auf „Medizinische Lehr- und Lernsysteme" (vor allem im Bereich Teleausbildung und Telematik für die medizinische Forschung) und die „Institutionen des Gesundheitswesen" (aufgrund der Möglichkeiten für das Gesundheitsmanagement). Auf der Passivseite beeinflusst vor allem das Qualitätsmanagement diese Variable, da das QM Methoden und Werkzeuge zur Datenerhebung und deren Bereitstellung und Kommunikation liefert, die gerade im telematischen Bereich von hoher Wichtigkeit sind.

13. Medizinisches Qualitätsmanagement

Traditionell genießt die Medizin ein besonderes Ansehen. In jeder Arzt / Patient-Beziehung werden Diagnostik und Therapie individuell ausgewählt. Dabei ist praktische Erfahrung entscheidend, so dass die Medizin als „Kunst" angesehen wird.

Im letzten Jahrhundert hat sich die Medizin jedoch zum Massenmarkt entwickelt. Zunehmendes Wissen bringt immer teurere Verfahren hervor. Es fehlen einfache Mechanismen (z.b. rückgekoppelte Regelkreise), die es z.b. dem Patienten ermöglichen, den Leistungsumfang seiner Krankenversicherung oder das ärztliche Honorar nach der erlebten Qualität der Versorgung zu steuern. So stellt sich heute die Aufgabe der Umgestaltung des Gesundheitssystems. Bei begrenzten Ressourcen muss eine nach wissenschaftlicher Methode erfassbare Qualität zu kalkulierbaren Preisen erzeugt werden. Das dafür notwendige Qualitätsmanagement kann ohne

- die Dokumentation von Zielen,

- den Zugriff auf Wissen,

- die Nutzring von Kommunikationsmitteln und

- die Erhebung von Daten zur Beschreibung der Ergebnisse

nicht funktionieren. Ein Qualitätsmanagement, das auch fachliche Inhalte abdeckt, setzt einen Paradigmenwechsel in der Medizin voraus: Bisher wurden Vorgehensweisen

- ohne Hinterfragung von Kosten und Nutzen,

- ohne regelmäßige Konsultation aktueller Wissensquellen und

- ohne systematische Evaluation

gepflegt. Stattdessen kommt nun jedem Mitglied des Gesundheitswesens eine aktive Rolle zu. Aktuelle Standards und Methoden aus umfassenden Wissensquellen sind nachzufragen, zu finden und anzuwenden. Eigene Ergebnisse sind zu evaluieren und zur Datensammlung im Sinne einer Versorgungsforschung ist beizutragen. Die neuen Aufgaben erfordern moderne Hilfsmittel aus der Informationstechnologie, und die Medizinische Informatik wird somit zum unverzichtbaren Hilfsmittel im gesamten Gesundheitssystem, das alleine in Deutschland einen Umsatz von jährlich über €120 Mrd. erreicht. Nur so lassen sich die begrenzten Ressourcen optimal für die Patientenversorgung einsetzen. Neben finanziellen Gründen besteht auch eine ethische Verpflichtung, diese Hilfsmittel bereitzustellen und zu nutzen. Weil dazu auch ein menschlicher Beitrag notwendig ist, bespricht dieses Kapitel sowohl technische als auch nicht-technische Aspekte des medizinischen Qualitätsmanagements [Bach99], [Haes01].

13.1. Grundlagen des Qualitätsmanagements

Gesetzliche Grundlage. Vor dem Hintergrund des Vertrags von Maastricht wurden 1999 im Rahmen der Gesundheitsreform alle Einrichtungen des Gesundheitssystems aufgefordert, ein Qualitätsmanagement (QM) einzuführen und weiterzuentwickeln (§59a B–KAG[11]). In Kliniken, Arztpraxen und Apotheken gewinnen QM-Systeme daher zunehmende Bedeutung.

Methodische Grundlage. QM basiert auf Verfahren der fortlaufenden Optimierung. Dafür notwendige Regelkreise sind Gegenstand der Kybernetik (Steuermannskunst):

Um ein vorgegebenes Ziel zu erreichen, wird laufend die Abweichung zwischen Soll– und Ist-Zustand bestimmt. Bei Bedarf werden Kurskorrekturen vorgenommen. Bereits 1966 hat Avedis Donabedian dieses Konzept auf die Medizin übertragen und innerhalb der zu betrachtenden Systeme drei Elemente hervorgehoben [Dona85]:

1. Die *Struktur* beinhaltet die eher statischen Elemente (z.B. OP-Personal, Geräte);

2. Der *Prozess* umfasst eher dynamische Abläufe (z.B. Transport des Patienten vom OP in den Aufwachraum);

3. Das *Ergebnis* entspricht dem erreichten Ziel der Aktivitäten (z.B. erfolgreiche Leistenhernien-Operationen mit weniger als 2% Rezidivrate).

Inhalte. Verschiedene Autoren belegen ähnliche oder identische Ansätze zum QM mit einer Vielzahl von Bezeichnungen: Fortlaufende Qualitätsverbesserung (continuous quality improvement), fortlaufende Verbesserung (continuous improvement). Leistungsverbesserung (performance improvement) und Qualitätssicherung (quality assurance bzw. total quality management, TQM) [Haes01]. In allen Ansätzen zum medizinischen QM findet sich

- das *Ziel*, die Qualität, Effektivität und Sicherheit der Patientenversorgung zu erhalten und zu verbessern sowie die Bedürfnisse sowohl der Patienten als auch Dritter besser zu erfüllen,

---

[11] Bundes – Krankenanstaltengesetz

- die *Methode*, systematische und wiederholte Messungen der Qualität im Vergleich zu gesetzten Standards durchzuführen und gefundene Mängel zu analysieren,
- die *Maßnahme*, gefundene Mängel und Abweichungen geeignet zu korrigieren,
- die *Evaluation*, tatsächlich erreichte Verbesserungen zu bewerten, und
- die *Voraussetzung*, die aktive Mitwirkung von Vertretern aller Ebenen einer Institution innerhalb des QM zu fordern.

Komplexitätsstufen. Das QM kann Abläufe auf verschiedenen Ebenen erfassen und bietet dementsprechend unterschiedlich große Herausforderungen bei der Implementierung:

1. Abläufe ohne direkten Bezug zur Medizin (z.B. Servieren des Essens nach den Wünschen der Patienten, d. h. warm und pünktlich);
2. Abläufe, die die Effizienz medizinischer Verfahren betreffen (z.B. Senkung des Verbrauchs an Tupfern während einer Operation);
3. Abläufe, die das medizinische Ergebnis betreffen (z.B. Senkung der Infektionsrate mit Problemkeimen bei Operationen);
4. Abläufe im Bereich der medizinischen Indikationsstellung oder Therapieentscheidung (z.B. systematische Evaluation des konservativen und operativen Vorgehens bei einer bestimmten Erkrankung, Vergleich der Ergebnisse und Anpassung der lokalen Behandlungsleitlinien und Patientenauswahl).

Begriffsdefinitionen: [Haes01]

- *Standard Operating Procedure:* Die Standard Operating Procedure (SOP) ist eine festgeschriebene Handlungsanweisung. Wenn SOPs definiert, befolgt und ausnahmsweise auftretende Abweichungen zuverlässig dokumentiert werden, können im Rahmen des QM gemessene Ergebnisse in Beziehung zu vorangegangenen Handlungen gesetzt werden. Während SOPs eher detailliert sind, werden innerhalb einer Policy eher Richtungen und Kernelemente einer Handlungsweise festgelegt. Übergreifend gültige SOPs und Policies finden sich auch innerhalb von Guidelines, d.h.
    o Leitlinien,
    o Richtlinien und
    o Empfehlungen.

- *Indexierung:* Die Beurteilung einer Menge von Systemen anhand einer Reihe von Parametern, um eine Rangfolge der Systeme aufzustellen, heißt Indexierung;
- *Qualitätszirkel:* Hierunter versteht man eine Gruppe von Personen, die gemeinsam Maßnahmen zur Qualitätssicherung betreiben
- *Benchmarking:* Das Benchmarking ist eine Methode, mit der besonders vorteilhafte Eigenschaften eines Systems erkannt und auf andere Systeme übertragen werden können. Dies geschieht in den folgenden Schritten:

    1. Auswahl relevanter Parameter in der Menge zu betrachtender Systeme;
    2. Bestimmung dieser Parameter in allen Systemen;
    3. Identifikation der Systeme mit den besten Parameterwerten;
    4. Suche nach Besonderheiten dieser Systeme;
    5. Übertragung gefundener Besonderheiten auf alle zu optimierende Systeme mit dem Ziel, die besten gefundenen Werte in allen Systemen zu erreichen;
    6. Erfolgskontrolle;
    7. fortlaufende Weiterführung und Anpassung des Benchmarking;

Beispiel. Ein Arzt möchte die Behandlung von Rückenschmerzen verbessern. Mit Kollegen bildet er einen Qualitätszirkel. Man beschreibt Patienten, übliche Methoden und geeignete Parameter zur Beurteilung der Ergebnisse. Alle Patienten mit Rückenschmerzen werden bei jedem Besuch nach der Stärke der Schmerzen befragt, Verordnungen und Arbeitsunfähigkeit werden dokumentiert. Es zeigt sich bei allen Patienten, die Krankengymnastik erhalten haben, eine besonders schnelle und dauerhafte Reduktion der Rückenschmerzen. Man einigt sich auf die allgemeine Policy, bei Rückenschmerzen neben Schmerzmitteln systematisch Krankengymnastik zu verordnen. Im weiteren Verlauf erarbeitet der Qualitätszirkel unter Berücksichtigung lokaler Ressourcen, eigener Erfahrungen und internationaler Leitlinien eine lokale SOP zur Diagnostik und Behandlung von Rückenschmerzen. Fortlaufende Datenerhebungen belegen, dass Schmerzstärke, Schmerzmittelverbrauch und Dauer der Arbeitsunfähigkeit erheblich sinken.

13.2. Beiträge zum medizinischen Qualitätsmanagement

Medizinisches QM kann Methoden und Werkzeuge aus den folgenden Gebieten nutzen[Bach99], [Haes01]:

- Klinische Ökonomik;
- Evidenzbasierte Medizin;
- Messung der Lebensqualität.

Der Bereich klinische Ökonomik wird im Folgenden vorgestellt, für weiterführende Informationen zu den Bereichen „Evidenzbasierte Medizin" und „Messung der Lebensqualität" sei auf [Bach99], [Haes01], [SaRi97] und [Sigl97] verwiesen.

Klinische Ökonomik. Wirtschaftswissenschaftliche Ansätze betrachten anhand von Modellen bevorzugt monetäre Aspekte des Gesundheitssystems. Die Klinische Ökonomik untersucht zwar ebenfalls Aufwand und Nutzen, fokussiert dabei jedoch auf für Patienten spürbaren Nutzen und Belastungen als Folgen medizinischer Maßnahmen. Methoden der Ökonomie und der Epidemiologie werden mit ärztlichem Wissen verbunden. Zum medizinischen QM kann sie mit folgenden Elementen beitragen [Bach99]:

- Benennung zu erreichender Ziele (Nutzen vs. Wirkung);
- Benennung zu optimierender Parameter und geeigneter Messwerkzeuge (Outcome Measurement);
- ethische Begründung der Notwendigkeit des QM (begrenzte Ressourcen);
- Bewertung medizinischer Maßnahmen und Vorgehensweisen;
- Benennung von Bereichen mit Wissensdefiziten und deren nachhaltige Behebung (Versorgungsforschung).

Die Bedeutung dieser Elemente erstreckt sich auf das gesamte medizinische QM: ins Struktur– und Prozessbereich können anzubietende Leistungen anhand ihres jeweils erreichbaren Nutzens ausgewählt werden, im Prozessbereich wird die Verpflichtung zu effektiven Implementationen begründet, im Ergebnisbereich werden zu erreichende Ziele und zu messende Parameter benannt. Beschriebene Wissensdefizite und Versorgungsforschung sind schließlich Grundlagen der kontinuierlichen Verbesserung.

Nutzen vs. Wirkung. Ein Ziel des medizinischen QM ist die Optimierung des für Patienten erreichten Nutzens bei gleichbleibendem Aufwand. Medizinische Maßnahmen erscheinen für Patienten nur dann nützlich, wenn sie ihnen helfen, länger und / oder besser zu leben [Porz96]. Entsprechend fragen Patienten ihren Arzt, ob eine Maßnahme wirklich helfe. Mediziner, Ökonomen und Politiker fragen stattdessen häufig nur, ob eine Maßnahme wirksam sei. Wirksam ist eine Maßnahme bereits, wenn sie nachweislich und reproduzierbar physiologische Parameter verändert, d.h. Wirkung zeigt. Ist Wirksamkeit demonstriert, wird Nützlichkeit oft irrtümlicherweise impliziert. Deshalb besteht ein Mangel an Untersuchungen zur Nützlichkeit medizinischer Maßnahmen.

Outcome Measurement. Hiermit wird die Messung des Ergebnisses medizinischer Maßnahmen bezeichnet. Auf der anspruchsvollsten Ebene des medizinischen QM sind als zu optimierende Parameter die „Verbesserung der Lebensqualität" oder „Verlängerung der Lebenszeit" zu betrachten.

Beispiel: Sinnvolles Outcome Measurement untersucht sowohl, ob ein Medikament den Blutdruck senkt (Wirksamkeit), als auch, ob in der Folge weniger Schlaganfälle, Herzinfarkte, Einschränkung der körperlichen und geistigen Funktion oder Todesfälle jeglicher Ursache auftreten (Nutzen).

Begrenzte Ressourcen und Ethik. Die schon immer vorhandene Begrenztheit der Ressourcen im Gesundheitswesen ist in den letzten Jahren offensichtlich geworden. Eine nicht nachgewiesenerweise nützliche Maßnahme, die Ressourcen verbraucht, verstärkt in jedem Fall den Mangel an Ressourcen für andere, nachgewiesenerweise nützliche Maßnahmen. Damit schadet sie den Patienten und darf nicht aus einer Quelle finanziert werden, deren begrenzter Inhalt nach ethischen Prinzipien verteilt werden soll.

Bewertung medizinischer Maßnahmen. Im Hinblick auf die Struktur– und Prozessqualität sind medizinische Maßnahmen und Vorgehensweisen anhand der folgenden Punkte zu bewerten[Bach99]:

- *Qualität von Studien:* Aussagen experimenteller Studien über medizinische Maßnahmen sind zweifelhaft, wenn die beobachteten Ergebnisse möglicherweise nicht nur auf die untersuchte Intervention zurückgehen [SaRi97]. In der Realität weisen viele Untersuchungen methodische Mängel auf (z.B. Fehlen einer Kontrollgruppe, mangelhafte Vergleichbarkeit der Kontrollgruppe, keine Verblindung, Placeboeffekt) oder unterliegen Verzerrungen (bias). die i. d. R. nicht offensichtlich sind;

- *Generalisierbarkeit:* Die Übertragbarkeit von Ergebnissen ist fraglich, wenn die selektierte Patientenpopulation und die Arbeitsbedingungen in einer Studie von denen der Routineversorgung abweichen;
- *Regelgerechte Ausführung:* Damit eine Maßnahme ihren theoretisch möglichen Nutzen erbringt, ist die technische Qualität ihrer Ausführung (regelgerechte Ausführung) entscheidend. Zur Sicherung der technischen Qualität werden Zertifizierungen, laufende Fortbildungsmaßnahmen und regelmäßige verdeckte Ringuntersuchungen eingesetzt

Beispiel: Derzeit werden Maßnahmen zur Früherkennung von Brustkrebs unter anderem deshalb kontrovers beurteilt, weil auf Grund von Mängeln in der Untersuchungstechnik der aus falsch positiven und falsch negativen Ergebnissen zu erwartende Schaden den möglichen Nutzen überwiegen könnte.

Wissensdefizite und Versorgungsforschung. In den folgenden Bereichen bestehen derzeit Wissensdefizite, auf Grund derer der Nutzen verschiedener Maßnahmen der Patientenversorgung nicht genau angegeben werden kann [Haes01]:

- *Subgruppenidentifikation:* Je wahrscheinlicher eine Erkrankung vorliegt oder droht, desto mehr Nutzen erbringen die auf ihre Behandlung oder Verhütung gerichteten Maßnahmen. Wahrscheinlich profitierende Patienten (und wahrscheinlich qualifizierte Leistungserbringer) sind so trennscharf wie möglich auszuwählen.

Beispiel: Wird bei 3 Patienten einer Subgruppe mit diastolischen Blutdruckwerten über 115 mm Hg der Blutdruck gesenkt, wird damit statistisch gesehen innerhalb von 1,5 Jahren ein Todesfall, Hirnschlag oder Herzinfarkt verhindert. Für dieses Ergebnis muss man 128 Patienten aus der Subgruppe mit diastolischen Blutdruckwerten größer als 90 mm Hg über 5,5 Jahre behandeln [SaRi97];

- *Screening and Prävention:* Zur Identifikation von Maßnahmen, die Erstereignisse oder Rezidive verhindern können, benötigt man große Studienpopulationen und lange Beobachtungszeiträume. Bei der Beurteilung des Nutzens von Screening-Untersuchungen (z.B. Krebsvorsorge) führt es in die Irre, wenn man den Krankheitsverlauf durch Screening gefundener Patienten demjenigen historischer Vergleichsgruppen gegenüberstellt (z.B. Lead Time Bias, Stage Migration Bias). Stattdessen ist es erforderlich, eine große Zahl von Menschen bereits vor dem Auftreten einer Erkrankung in Vergleichsgruppen einzuschließen und über sehr lange Zeiträume zu beobachten [SaRi97];

- *Spontanverlauf:* Für viele chronische Erkrankungen fehlen Kenntnisse zum Verlauf ohne Therapie. Ein Patient mit einem besonders positiven Spontanverlauf wird den Arzt nicht aufsuchen. Ein Patient mit einem besonders negativen Verlauf kann den Arzt vielleicht nicht mehr erreichen, und die zum Tode führende Grunderkrankung mag später übersehen werden. Als charakteristisch wird am Ende nur der Verlauf berichtet, der am häufigsten zu Untersuchern geführt hat, die wissenschaftlich arbeiten;

- *Langzeit-Follow-Up:* Wenn Follow-Up-Daten sich mangels Patientenkontakt auch nach einer Behandlung nicht erheben lassen, können Langzeitaussagen nicht gemacht werden;

- *Seltene Erkrankung:* Bei selteneren Erkrankungsformen reichen Patientenzahlen einzelner Institutionen nicht aus, um statistisch zuverlässige Aussagen zu erreichen.

Als Versorgungsforschung wird eine laufend und flächendeckend durchgeführte Datenerhebung bezeichnet, die in die routinemäßige Patientenversorgung integriert ist. Hierüber kann QM im Sinne der klinischen Ökonomik implementiert werden, um langfristig die bestehenden Wissensdefizite, die sich aus den o. g. Problemfeldern ergeben, zu beheben. Praktikable Werkzeuge der Informationstechnologie (IT) sind hierfür unabdingbar. Klare Fragestellungen müssen definiert und die Übernahme der Kosten muss geklärt sein, bevor Ärzte oder spezialisierte Dienstleister diese Aufgabe erfüllen können.

13.3. Modelle für das Qualitätsmanagement

Für das medizinische QM wurden unterschiedliche Modelle entwickelt, als Beispiele werden hier die folgenden vorgestellt:

- Normenfamilie DIN EN ISO 9000ff;
- Modell der European Foundation for Quality Management (EFQM);

Unabhängig vom verwendeten Modell muss letztendlich jede Einrichtung Qualität im Detail für sich selbst definieren. Jedes Modell muss aktiv in die Einrichtung integriert werden. Dies bedeutet – nicht nur in der Anfangszeit, denn die eigentliche Aufgabe beginnt erst nach der Zertifizierung – einen erheblichen Arbeitsaufwand für alle Mitarbeiter der Einrichtung. Erst wenn alle Gruppen einer Einrichtung (z.B. Mitarbeiter. Patienten, Bewohner, Angehörige) für die Arbeit des QM gewonnen werden konnten und sie in den entstehenden Prozess aktiv einbezogen wurden, werden auch positive Veränderungen innerhalb einer Einrichtung feststellbar sein.

QM lässt sich daher nicht als Serviceleistung einkaufen. Hohe Kosten für die Umsetzung eines Modells durch einen externen Anbieter bedeuten eine Fehlinvestition, wenn die Integration in die Einrichtung fehlt und der eigentliche Prozess einer fortlaufenden Qualitätsverbesserung somit gar nicht entstehen kann.

Die angesprochenen Zertifizierungsmodelle werden derzeit vor allem im stationären Bereich eingeführt.

13.3.1. DIN EN ISO 9000ff

Die DIN EN ISO 9000ff (kurz: ISO 9000) wurde bereits 1987 eingeführt. Mit dem Draft International Standard der ISO 9001:2001 wurde die Vorbereitung der Revision für die Normenfamilie Anfang 2000 abgeschlossen.

Ziel. Die ISO 9000 nennt als wichtige Prinzipien und Ziele des QM [Wilh01]:

- Kundenorientierung;
- Führung;
- Einbeziehung der Mitarbeiter;
- prozessorientierte Herangehensweise;
- systemorientiertes Management;
- kontinuierliche Verbesserung;
- faktenbasierte Entscheidungsfindung;
- gegenseitig nützliche Beziehungen zu Zulieferern.

Die ISO 9000 betrachtet primär die Struktur- und Prozessqualität. Kundenforderungen werden als die entscheidenden Vorgaben für die Leistung eines Unternehmens aufgefasst. Die Unternehmensorganisation muss darauf hinwirken, die Leistungen danach auszurichten. Die Erfassung und Bewertung der Kundenzufriedenheit ermöglicht dann eine Überwachung der Wirksamkeit des Systems. Diese Zusammenhänge zeigt Abbildung 24 als Prozessmodell, das die Forderungen der Norm einbindet.

Abbildung 24: Modell des prozessorientierten Ansatzes der ISO 9001:2000" [Olle00]

Vorgehensweise. Die ISO 9000 schafft Transparenz, weil Prozesse und deren Abläufe detailliert beschrieben werden. Besonders wichtig sind hierbei die Schnittstellen der einzelnen Prozessabläufe. Dies betrifft z.B. Prozesse, die mehrere Abteilungen durchlaufen. Hier treten oft Probleme auf, wenn eine übergreifende Kommunikation nicht gewährleistet ist. Wesentliche Punkte der ISO 9000 sind [Olle00]:

- optimaler Ressourceneinsatz (z.B. Personal: Stellenpläne, Fortbildungspläne etc.);
- Festlegung der verantwortlichen und zuständigen Mitarbeiter;
- eindeutige Prozessbeschreibung;
- Erkennen der Schwachpunkte im System;
- bessere interne und externe Kommunikation (z.B. mit Partnern);
- Dokumentation des Prozessablaufes;
- Überprüfbarkeit des Prozessablaufes;
- dadurch mögliche ständige Optimierung des Prozessablaufes.

Zertifizierung. Die Zertifizierung nach ISO 9000 erfolgt in Form einer Ja / Nein-Entscheidung auf der Grundlage einer externen Bewertung. Akkreditierte Zertifizierungsstellen finden sich bei [Olle00] und im Internet (z.B. unter http://www.quality.de). In regelmäßigen Abständen sind Überwachungs- und Wiederholungsaudits anzusetzen.

Bedeutung. Die ISO 9000 findet als weltweiter Standard Anwendung in Unternehmen unterschiedlichster Branchen. Für die Übertragung des allgemeinen Modells auf Institutionen aus dem Gesundheitswesen ist mit einem erheblichen Aufwand an Zeit und Kosten für die interne Vorbereitung, für die externe Beratung, für die eigentliche Zertifizierung und für die regelmäßigen Wiederholungsaudits zu rechnen.

13.3.2. EFQM-Modell

Das für das Gesundheitswesen modifizierte EFQM[12]-Modell ermöglicht die Einführung eines umfassenden QM. Es kann die durch andere Ansätze zur Qualitätssicherung geschaffenen prozessorientierten Grundlagen integrieren (z.B. Zertifizierung nach DIN EN ISO 9000).

Das EFQM-Modell beleuchtet das gesamte Dienstleistungsunternehmen Krankenhaus und bietet umfangreiche gestalterische Freiheit. Es berücksichtigt Kunden– und Mitarbeiterorientierung genauso wie medizinische, pflegerische und Führungskompetenz. Dabei müssen Konzeptionen und Strategien erstellt werden, die eine ständige Verbesserung und Innovation beinhalten (Abbildung 25). Das EFQM-Modell ist zukunftsorientiert und erlaubt ein detailliertes, branchenübergreifendes Benchmarking. Es ermöglicht einer Einrichtung, Qualität zu messen und zu verbessern [Olle00].

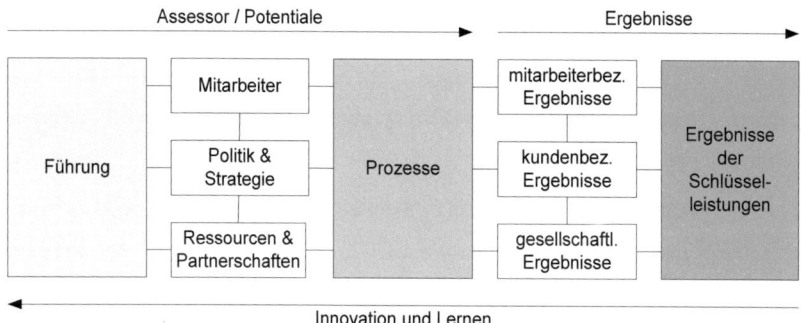

Abbildung 25: „Elemente des EFQM-Modells" [Olle00]

---

[12] Euopean Foundation for Quality Management

Ziel. Die Zielvorgabe des Modells ist, dass die Organisation eine Spitzenleistung (excellence) in ihrem jeweiligen Bereich erbringt. Dabei muss als erster Schritt eine Ist-Zustandserhebung der gesamten Organisation durchgeführt werden. Diese Bestandsaufnahme geschieht anhand von neun Kriterien, die für den Erfolg einer Organisation von grundlegender Bedeutung sind:

1. Ziele (d. h. Leitbild der Organisation);
2. Führung;
3. Mitarbeiter;
4. Ressourcen;
5. Prozesse der Leistungserstellung;
6. Kundenzufriedenheit (z.B. durch Kundenbefragung zu erheben);
7. Mitarbeiterzufriedenheit (z.B. durch Mitarbeiterbefragung zu erheben);
8. Ergebnisse der Leistungserstellung;
9. Positionierung in der Gesellschaft (d. h. Beschreibung der politischen und gesellschaftlichen Rahmenbedingungen des Bereichs, in dem die Organisation tätig ist).

Vorgehensweise. Nach dem EFQM-Modell wird argumentiert, dass das zielgerichtete Zusammenwirken aller Bereiche nur dann laufend zu Spitzenleistungen führen kann, wenn kontinuierlich und systematisch in allen Bereichen Verbesserungen erzielt werden. Um Verbesserungspotentiale für die eigene Organisation zu erkennen, wird ausgehend von der Ist-Zustandserhebung ein Katalog von Stärken und Verbesserungspotentialen erarbeitet. Diese Leistung erbringen eigens geschulte und aus der Organisation stammende Personen (Assessoren), wobei Defizite auch durch den Vergleich mit den Klassenbesten innerhalb der eigenen Branche oder in verwandten Tätigkeitsfeldern ermittelt werden können. Zu den Aufgaben des Assessors gehört die Vorbereitung der:

- *Prioritätensetzung:* Auf der Grundlage der Verbesserungspotentiale werden Verbesserungsfelder beschrieben. Entsprechend einer mit der Unternehmensleitung abgestimmten Prioritätenliste folgt die Aufgabe, diese Verbesserungsfelder aufzuarbeiten und somit die vorhandenen Potentiale auszuschöpfen;
- *Selbstbewertung:* Durch das Instrument der Selbstbewertung kann in regelmäßigen Abständen systematisch überprüft werden, ob die anhand der Verbesserungsfelder gesteckten Ziele auch tatsächlich erreicht wurden. Die zeitlichen Abstände der Neubewer-

tung bestimmt die Organisation selbst. Hohe Punktzahlen im EFQM-Modell resultieren nur, wenn definierte Ziele über längere Zeiträume erreicht werden.

Zertifizierung. Die Zertifizierung nach EFQM beinhaltet Selbstbewertung, Bericht und anschließende Fremdbewertung durch externe Experten. Die Zertifizierung erfolgt anhand eines Punktwertes zwischen Null und Eintausend. Ein Vergleich zu anderen Unternehmen ist möglich.

Bedeutung. Das EFQM-Modell wird europaweit in Unternehmen aus unterschiedlichen Branchen angewendet.

13.4. Medizinische Informatik und Qualitätsmanagement

Alle QM-Modelle erfordern effiziente IT-Werkzeuge und geeignete Methoden der Medizinischen Informatik insbesondere

- zur *Informationsbereitstellung,* die den notwendigen Umfang, die inhaltliche Qualität und die Aktualität der verwendeten Definitionen, Beschreibungen, Wissensquellen und Dokumentationen gewährleisten,

- zur *Kommunikation,* die den automatischen Datenaustausch der IT-Systeme untereinander ermöglichen und die notwendige Teamarbeit der Mitarbeiter unterstützen, sowie

- zur *Datenerhebung,* denn nur anhand laufend gesammelter und aktiv ausgewerteter Daten lässt sich erkennen, ob angestrebte Ziele erreicht werden oder ob Korrekturen notwendig sind (vgl. Abschn.13.6).

Beispiel. Das Rauchen liefert den größten Beitrag zu Erkrankungen und Todesfällen in Deutschland. Eine einfache Beratung kann erreichen, dass etwa 3% der Raucher das Rauchen aufgeben. Deutschlandweit könnte man so täglich neun von 300 Rauchertoten retten [Good00]. Als SOP konnte man einführen, dass Patienten entsprechend aufzuklären sind. Eine mögliche IT-Unterstützung ist in allen Bereichen denkbar:

- *Informationsbereitstellung:* Bei jedem Patienten mit Bronchitis erinnert die elektronische Patientenakte (EPA) an die Frage nach dem Rauchen, gegebenenfalls erfolgt ein Eintrag in die Langzeitdiagnosen. Der Hinweis auf http://www.rauchen.de wird mit direktem Zugang aus dem Wartezimmer der Praxis unterstützt, eine Buchempfehlung wird durch die Buchbeschreibung eines Online-Buchhändlers ergänzt.

- *Kommunikation:* Das aktuelle Angebot an Informationsmaterial der Bundeszentrale für gesundheitliche Aufklärung kann online bestellt werden. Informationen und Ressourcen werden über das Internet auch an Kollegen weitergegeben. Erfolge oder Verbesserungsmöglichkeiten werden in einem Online-Forum diskutiert.
- *Datenerhebung:* Anhand von Einträgen in die EPA wird überprüft, wie zuverlässig die Maßnahmen tatsächlich durchgeführt wurden und welcher Anteil der Patienten in welchem Zeitraum nach der Aufklärung tatsächlich mit dem Rauchen aufgehört hat. Ein elektronischer Patientenfragebogen erfasst die Schwere bestimmter Symptome und die Schwierigkeiten heim Verzicht.

13.5. Informationsbereitstellung und Kommunikation im Krankenhaus

Die Abbildung 26 zeigt den Modellentwurf eines KIS. in dem verschiedene Informationsspeicher und Wege des Informationsflusses mit Bezug zum QM dargestellt sind. Die Graphik ist farblich strukturiert [Wilh01]:

- *Interne Elemente* einer Einrichtung (z.B. Klinikum) sind vor einem grauen Hintergrund dargestellt:
    - Die *türkisen* Elemente im linken Bereich betreffen primär die Führung des Krankenhauses;
    - Vor einem *grünen* Hintergrund und mit grünen Feldern sind Elemente der Verwaltung dargestellt. Da letztendlich alle Abläufe im Klinikbetrieb verwaltungstechnische Aspekte haben, dehnt sich der grüne Hintergrund entsprechend aus;
    - Vor einem *blauen* Hintergrund und in blauen Schattierungen erscheinen Elemente aus dem medizinischen Bereich
    - Die rechtlich verpflichtende Dokumentation die teils von Verwaltungspersonal und teils von medizinischem Personal zu erbringen ist, wurde *rot* hinterlegt;
    - In der *violett* dargestellten Wissensbasis fließen Informationen aus verschiedenen internen und externen Quellen zusammen.
- *Externe Elemente* sind im weißen Hintergrundbereich um das eigentliche KIS herum ungeordnet.

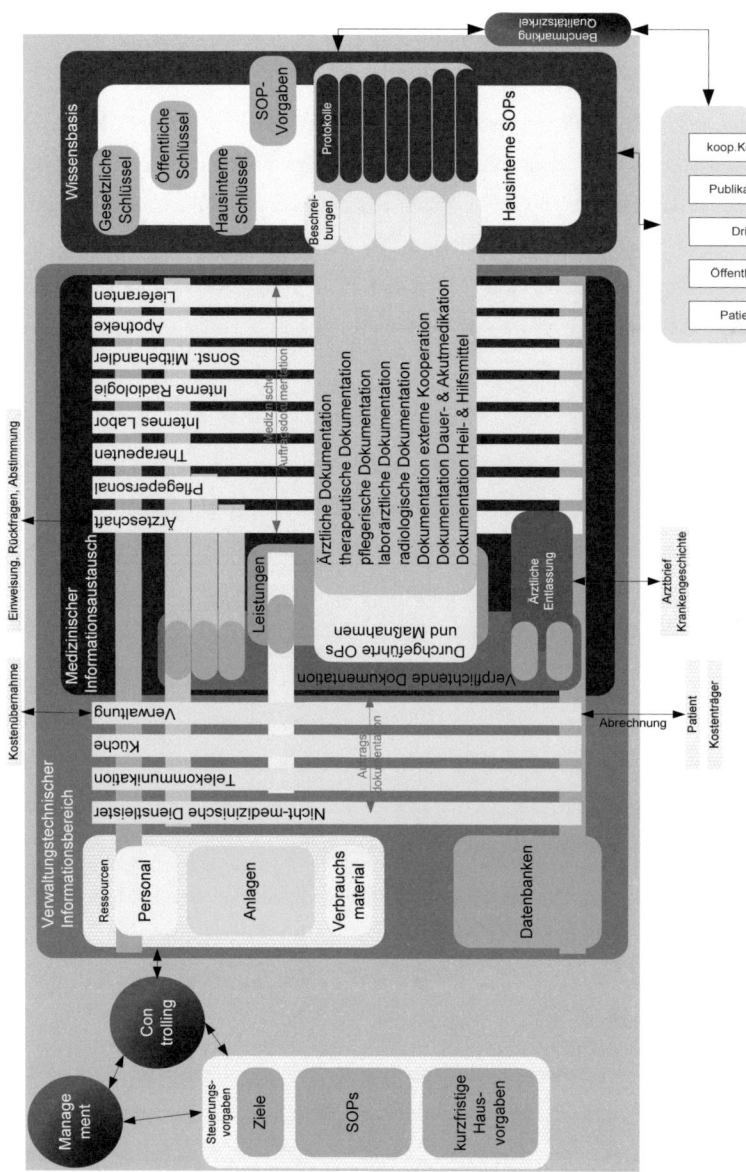

Abbildung 26: "KIS-Modell" (eigene Darstellung nach [Wilh01])

Die Implementierung und Pflege eines solchen Modells, das weit über die üblichen Abrechnungs- oder Archivierungssysteme hinausgeht, setzt eine enge und nachhaltige Kooperation zwischen den Anwendern und der IT-Abteilung voraus. Idealerweise sollten Personen mit umfangreichen Kenntnissen beider Felder und klaren Vorstellungen im QM-Bereich die Konzeption und schrittweise Realisierung des Systems betreuen.

Sie müssen die praktischen und technischen IT-Grundlagen detailliert kennen, da zwischen vorhandenen Systemen immer wieder Verbindungen benötigt werden und in lokalen Lösungen für spezifische Aufgaben die Wünsche der Anwender genau zu erfüllen sind. Die Einführung und der Betrieb eines solchen KIS mit dem Ziel der fortlaufenden Verbesserung erfordern die regelmäßige Allokation von Arbeitszeit aller Mitarbeiter für Weiterbildung, Recherche und Diskussion.

13.5.1. Interne Elemente

Klinikführung. Ziele und Steuerungsvorgaben werden von der betrieblichen endärztlichen Klinikführung spezifiziert, ggf. von nachgeordneten Stellen weiter ausgearbeitet und nach Ergebnissen des Controllings aktualisiert. Hieraus entstehen SOPs für verschiedene Bereiche, die auch in die Wissensbasis integriert werden. Das Personal wirkt im Dialog mit dem Management nicht nur an der Umsetzung der SOPs, sondern auch an deren Gestaltung und Pflege mit.

Verwaltung. Im Verwaltungsbereich finden sich überwiegend Daten und Abläufe, die nicht direkt medizinische Daten von Patienten betreffen, sondern z.B. Infrastruktur, Lieferanten, Buchhaltung. Aus dem medizinischen Bereich fließen hier Daten ein, die die Dokumentation der Behandlung betreffen (z.B. Abrechnung, Personalplanung).

Medizinische Dokumentation. Im Idealfall erfasst das medizinische Personal Daten primär für eine klinisch orientierte EPA, aus der durch entsprechende KIS-Subsysteme die gesetzlich vorgeschriebenen Informationen automatisch extrahiert werden. Mehrfache Eingaben derselben Informationen in verschiedene EDV-Systeme sind unbedingt zu vermeiden.

Im Hinblick auf ein funktionierendes QM ist innerhalb der EPA ein Konzept für die medizinische Dokumentation vorzugeben, das dem gesamten medizinischen Personal ermöglicht, geeignete Angaben zu machen und diese bezüglich der Kernelemente (Ausgangspunkt, Ziel, Weg, Zielerreichung, Evaluation) je nach den lokalen Möglichkeiten und Ansprüchen auch einfordert.

Das Subsystem zur medizinischen Dokumentation sollte dabei unter Rückgriff auf die Wissensbasis einzugebende Parameter (z.B. Ziele, Maßnahmen, referenzierte SOPs) mit wahrscheinlichen Werten vorbelegen oder kleine, wahrscheinlich passende Auswahlen anbieten. Nur die enge Verknüpfung von Beschreibung der Problemstellung und Planung der Vorgehensweise mit den ohne weitere Arbeitsschritte bereitstehenden SOPs der Wissensbasis kann garantieren, dass die SOPs normalerweise befolgt werden. Abweichungen sind erlaubt, müssen jedoch begründet und zuverlässig evaluiert werden.

Wissensbasis. Die Wissensbasis wird aus externen Quellen und den Ergebnissen lokaler Evaluationen gespeist. Sie reflektiert die aktuelle Situation der Institution und bietet die inhaltliche Grundlage für die Konzeption des zukünftigen Vorgehens. Von jedem Punkt innerhalb des KIS sollten relevante Bereiche der Wissensbasis direkt erreichbar sein:

- *Verzeichnisse, Schlüssel, Klassifikationen:* Gesetzlich vorgeschriebene Ordnungssysteme werden durch lokale Kataloge (z.B. lieferbare Fertigarzneimittel, Verzeichnisse von Ärzten, Institutionen, Kostenträgern) ergänzt. Für einen effizienteren Zugriff können kurze Hauslisten oder lokale Schlagwortverzeichnisse erstellt werden;
- *QM-Elemente:*
    - *Struktur:* Hausinterne Ressourcen (inkl. KIS-Dokumentation), Produkte, Prozesse und Leistungen mit zeitnaher Abbildung der Situation werden automatisch nachgeführt (z.B. veränderte Personalsituation durch Krankheit oder Urlaub, Ausfall eines technischen Gerätes);
    - *Prozess:* lokale SOPs und Informationen über lokale QM– und Forschungsprojekte;
    - *Ergebnis:* Beschreibung aller Qualitätsmerkmale einschließlich der Zeitpunkte und Methoden für deren Überprüfung;
- *Entscheidungsgrundlagen:* Aus lokalen oder transparent eingebundenen externen Informationsquellen sind rationale Grundlagen interner SOPs, externe SOPs (z.B. Leitlinien von Fachgesellschaften, Impfempfehlungen), Datenbanken mit wissenschaftlichen Texten (z.B. Cochrane Library, MEDLINE), Online-Zugänge zu wissenschaftlichen Zeitschriften, lokale Datenbanken und Materialien für die Weiterbildung zu integrieren;
- *Analyseergebnisse:* Ergebnisse aus dem aktuellen Betrieb werden in standardisierter Form gesammelt und standardisiert sowie benutzerspezifischen Anfragen entsprechend ausge-

wertet. Schnittstellen zum Export von Daten erlauben hierbei auch die Verwendung externer Analysewerkzeuge. Aufgrund der Ergebnisse können automatisch vordefinierte Aktionen ausgelöst werden (z.B. Weiterleitung des Alarms eines Überwachungsmonitors, Erinnerung an laufende Studie bei Aufnahme eines geeigneten Patienten). Gleichzeitig bilden die Ergebnisse und Auswertungen die Grundlage für laufendes Benchmarking, für die Außendarstellung sowie für die interne Beurteilung des aktuellen Vorgehens, die Diskussion in Qualitätszirkeln und die laufende Verbesserung.

Langfristig verbindet die Wissensbasis das medizinische QM mit der Versorgungsforschung: Anwendungen liegen z.B. in der Identifikation von Subgruppen. die besonders gut oder schlecht auf bestimmte Therapien ansprechen, oder von Faktoren, die einen Hochrisikopatienten vorab erkennbar werden lassen. Im Hinblick auf die Behandlung einzelner Patienten liefert sie die Daten Zum Durchrechnen von Entscheidungsbäumen, für die Entscheidung über Policies liefert sie die Erfahrungswerte zum korrekten Abschätzen erzielbarer QALYs[13].

13.5.2. Externe Elemente

Verschiedene Informationsspeicher und Kommunikationspartner des gesamten für das QM relevanten Systems liegen außerhalb der eigenen Institution. Für die folgenden notwendigen Aspekte des Datenaustausches sind die Vorgaben des Datenschutzes zu beachten:

- *Import von Patientendaten:* Bei der Aufnahme werden möglichst viele Daten von externen Stellen durch geeignete Wege (z.B. HL7-Datentransfer, Scannen papierbasierter Dokumente, Import multimedialer CD-ROMs) übernommen. Einweisungsgrund sowie extern erhobene Krankengeschichten und Befunde können dann an allen Stellen innerhalb der Klinik sofort nach der Aufnahme verzögerungsfrei zur Verfügung stehen;

- *Export von Patientendaten:* Bei der Entlassung wird ein kurzer Arztbrief mit umfassenden Ergänzungen generiert. Multimediale Inhalte können über entsprechende Medien geliefert werden;

- *Bidirektionale Kommunikation:* Mit besonders selektierten Stellen (z.B. niedergelassene Ärzte als Kooperationspartner der Klinik innerhalb eines Netzwerkes) kann der direkte gegenseitige Zugriff auf die Daten des jeweils anderen Partners vereinbart werden. Über solche Verbindungen werden z.B. langfristige Follow-Up-Beobachtungen und die Nach-

---

[13] Quality Adjusted Life Years

sorgebetreuung realisierbar. Externe Institutionen wie Tumorzentren, die besondere Dokumentations- und Analyseaufgaben erbringen, treten als Betreiber externer Datenspeicher auf. Eine direkte Datenübergabe aus der medizinischen Dokumentation kann realisiert werden. Sofern eine externe Institution auch eine spezialisierte inhaltliche Kompetenz besitzt, kann ihr der weitergehende Zugriff auf Inhalte der internen Wissensbasis gestattet werden. Sofern die externe Institution über eine eigene Wissensbasis verfügt, kann diese in die interne Wissensbasis integriert werden;

- *QM-Unterstützung:* Diese externen Elemente betreffen insbesondere das Benchmarking und Qualitätszirkel, soweit entsprechende Aktivitäten auch außerhalb der lokalen Institution (z.B. innerhalb eines Netzwerks aus Klinik und kooperierenden Praxen) stattfinden. Hierfür werden Analyseergebnisse aus der Wissensbasis bereitgestellt, deren Aufarbeitung für das QM wiederum Veränderungen von Inhalten der Wissensbasis nach sich ziehen kann (insb. bei SOPs);

- *Außendarstellung:* Die Außendarstellung der Institution lässt sich in differenzierten Angeboten für verschiedene Zielgruppen (z.B. Patienten, Kooperationspartner, Behörden, Kostenträger, Forschungsträger) direkt und automatisiert aus der Wissensbasis erzeugen.

13.6. Werkzeuge zur Datenerhebung

Zentrales QM-Element ist die fortlaufende Erfassung der erreichten Ergebnisse. Für das medizinische QM ist hier die Patientenbefragung im Hinblick auf die Patientenzufriedenheit und auf medizinische Outcome-Parameter (z.B. Lebensqualität) von grundlegender Bedeutung.

13.6.1. Papierfragebögen

Papierfragebögen sind ein Standardwerkzeug zur Patientenbefragung. Ihr Einsatz birgt jedoch viele Fehlerquellen. Erst nach dem Rücklauf eines Fragebogens kann das Personal die Lesbarkeit, Vollständigkeit und inhaltliche Korrektheit der Antworten überprüfen. Ist der Patient dann nicht mehr anwesend, lassen sich erkannte Fehler nicht mehr beheben. Bei der manuellen Eingabe der Daten in ein EDV-System können Eingabefehler auftreten. Um diese zu erkennen, sollten die Daten unabhängig voneinander doppelt eingegeben und die resultierenden Dateien verglichen werden. Erst nach der manuellen Eingabe kann die Informationstechnologie bei der Auswertung der Antworten helfen.

Beim Einsatz von Papierfragebögen muss an vielen Stellen konzentriert gearbeitet werden. Dies begrenzt die für Patientenbefragungen verfügbare Kapazität, verursacht hohe Kosten und erschwert oder verhindert damit die routinemäßige, breite Anwendung von Patientenbefragungen in Forschung und Praxis. Eine mangelnde Datenqualität kann entstehen, wenn

- einzelne Antworten nicht auswertbar sind (z.B. unleserlich, mehrdeutig),
- einzelne Fragen übersprungen wurden (wissentlich oder aus Versehen) oder
- Fragebögen einzelner Patienten ganz fehlen.

13.6.2. Fragebögen mit IT-Unterstützung

Offline-Fragebogen. Im Offline-Verfahren füllt der Patient einen Papierfragebogen aus. Die Antworten werden, meist zeitlich und örtlich versetzt, halb– oder vollautomatisch in ein EDV-System übernommen. Hierzu können Geräte wie Scanner, Fax oder Graphiktablett dienen. Damit können die Fehler der manuellen Datenübernahme konventioneller Methoden reduziert oder vermieden werden. Die Datenqualität auf Ebene der gegebenen Antworten kann jedoch nicht sofort und vollautomatisch sichergestellt werden. Offline –Verfahren eignen sich deshalb besonders für dezentrale oder multizentrische Datenerfassungen, wenn die technische Infrastruktur begrenzt ist und dafür Einschränkungen der Datenqualität und der Geschwindigkeit der Datenverfügbarkeit akzeptiert werden.

Online-Fragebogen. Im Online-Verfahren füllt der Patient einen Fragebogen direkt an einem EDV-System aus. Damit lässt sich jeglicher Aufwand für das Handling von Papierfragebögen vermeiden. Das Werkzeug kann die Antworten sofort auf Vollständigkeit und formale Korrektheit überprüfen. Online-Methoden ermöglichen interaktive und multimediale Fragebögen, können Angaben zu Ort. Zeitpunkt, Dauer der Befragung, Sprache und Version des Fragebogens automatisch miterfassen und die Qualität der erhobenen Daten sicherstellen. Sie ermöglichen es, die Ergebnisse einer Befragung sofort in der darauf folgenden Konsultation zu besprechen, oder jederzeit zu prüfen, ob die Befragung eines bestimmten Patienten bereits erfolgt ist. Damit kann z.B. organisatorisch sichergestellt werden, dass jeder Patient im Rahmen eines Nachsorgeprogramms bei jedem Termin befragt wird, bevor er die Klinik wieder verlässt.

Dass elektronische Fragebögen von Patienten gut akzeptiert werden und dass sie Daten zuverlässiger erheben können als Papierfragebögen oder sogar Interviews, wurde bereits in mehreren Untersuchungen demonstriert [Sigl97].

Validierung. Bei der Elektronifizierung eines Papierfragebogens werden meist Anpassungen von Inhalt oder Layout erforderlich. Aufforderungen zum Ankreuzen oder Einkreisen von Antworten können durch Aufforderungen zum Markieren oder Auswählen ersetzt werden. Einleitungen wie „Während der letzten Woche ..." die beim Papierfragebogen einmal über einer ganzen Liste von Fragen gedruckt werden, können in der elektronischen Version einmal bei jeder einzeln angezeigten Frage stehen. Als Auswertungshilfen über die Antwortfelder gedruckte numerische Codierungen können entfallen. Hierdurch kann das Layout und die Übersichtlichkeit verbessert werden. Implementierbare Interaktivität kann die Datenqualität erhöhen und antwortspezifische Verzweigungen ermöglichen. Dabei ist jedoch zu beachten, dass hinzugefügte Funktionalität dieser Art eine erneute Validierung der elektronischen Version erforderlich machen kann. Bei vernünftig durchgeführten Adaptationen müssen jedoch keine systematischen Unterschiede zwischen Papier– und elektronischer Version erwartet werden [Sigl97].

13.6.3. Anforderungen an Online-Werkzeuge

Ein elektronischer Fragebogen für Patienten mit universeller Anwendbarkeit sollte genauso einfach einsetzbar sein wie ein Papierfragebogen und dennoch die o.g. Vorteile einer Online-Methode zur Datenerfassung bieten. Eine Auswahl von Lösungsansätzen mit spezifischen Vor– und Nachteilen wird in [Sigl97] und [Sigl00] besprochen. Die Implementierung eines elektronischen Patientenfragebogens kann sich auf die Mensch / Maschine-Schnittstelle (Interface) und die Bereitstellung erhobener Daten konzentrieren, da Werkzeuge für die Datenorganisation und -auswertung bereits ausreichend verfügbar sind.

Patienten-Interface. Patienten sollten elektronische Fragebögen ohne Einweisung oder Training sofort selbst ausfüllen können. Formulare, die bei Büro-Software oder im Internet oft verwendet worden, sind für Menschen, die keine Übung im Umgang mit Computern haben, nicht immer einfach bedienbar. Das Gleiche gilt für Geräte mit schlecht lesbarer Anzeige oder mit zu vielen Knöpfen bzw. Tasten.

Wird ein Bildschirm verwendet, sollte dieser kontrastreich, scharf und ausreichend groß sein. Jüngere Patienten können i.d.R. mit Tastatur, Maus, Trackball oder Schiebe / Roll-Maus umgehen. ansonsten sind intuitiv zu bedienende Eingabegeräte (z.B. Graphiktablett mit Stift. Touch-Screen) zu bevorzugen. Auch Speziallösungen (z.B. Joystick im Mund eines gelähmten Patienten, Auswertung von Hirnströmen) können das Zeigegerät des Patienten-Interface ersetzen. Die eigentliche Befragungssoftware sollte unabhängig vom verwendeten Hardware-

Interface funktionieren. Je nach Zielgruppe und Inhalt der Befragung sind multimediale Inhalte zu unterstützen (z.b. sprechender Fragebogen mit Bildern für Analphabeten oder Kinder). Bei Spracherkennungssystemen (speech recognition) ist immer noch ein Trade-Off zwischen Sprecherunabhängigkeit und bereitstehendem Wortschatz einzugehen.

Mittels Hand-Held– oder Pen-Computer und Infrarot– oder Funknetzwerk können Befragungsergebnisse ortsunabhängig erhoben und direkt zu einem zentralen Rechner weitergeleitet werden. Der Fragebogen kann damit z.b. am Krankenbett oder im Wartebereich verfügbar gemacht werden. Zukünftige Plattformen könnten Fragebögen z.b. über ein Mobiltelefon anbieten. Derartige Geräte sind auf Grund der Größe und Qualität der Anzeige und der Bedienelemente derzeit jedoch noch nicht von Patienten jeden Alters oder mit eingeschränkter Sehfähigkeit oder ohne Training benutzbar.

Fragebogenbibliothek. Ein elektronisches Werkzeug zum Outcome-Measurement sollte eine Bibliothek verschiedener Fragebögen bereitstellen. Weitere Fragebögen sollten bei Bedarf möglichst einfach auf das System übernommen werden können. Hierfür sollte vorgefertigtes Ausgangsmaterial mit gutem Layout bereitstehen, und vorhandene Ressourcen (z.B. Fragebögen, die als Dokumente für Microsoft Word oder Adobe Acrobat Reader vorliegen) sollten effizient verwendbar sein. Fragebogendefinitionen sollten in extern verarbeitbare Dateiformate exportiert und daraus auch wieder importiert werden können.

Datenschutz. Wenn Daten aus Patientenbefragungen gespeichert werden, sind die Bestimmungen zum Datenschutz zu beachten. Gegebenenfalls ist der örtliche Datenschutzbeauftragte mit einzubeziehen. Der Schutz erhobener Daten vor unberechtigtem Zugriff und die Sicherstellung der Verfügbarkeit für den berechtigten Zugriff sind gleichermaßen bedeutsam. Neben einer Backup-Strategie ist zu erörtern, welche Daten einer Patientenidentifikation (PID) wo benötigt werden. Ein hohes Maß an Sicherheit entsteht, wenn in direktem Zusammenhang mit den Nutzdaten nur ein anonymisierter PID-Code erfasst und gespeichert wird, der sich über eine externe, gesichert aufbewahrte Referenz einem Patienten zuordnen lässt. Häufig wird aber aus praktischen Gründen die Erhebung des vollen Namens und des Geburtsdatums erforderlich. Dann kann die dokumentierte Zustimmung des Patienten zur Datenspeicherung erforderlich sein. Denkbar ist auch, dass der Patient selbst seine Daten speichert und den Zugriff kontrolliert.

Datenerfassung. Zu jeder Befragungssitzung sollten die folgenden Daten erfasst und gespeichert werden:

- Quellsoftware und Version;
- Ort und / oder Institution der Erfassung und / oder Untersucher;
- Zeitpunkt der Erfassung bzw. bei Bedarf ein Protokoll mit Unterbrechungen, Fortsetzungen und Anmerkungen zum zeitlichen Ablauf der Befragung;
- PID entsprechend aktuellen Erfordernissen;
- Identifikation jedes Fragebogens mit Version und Befragungssprache;
- sonstige Meta-Daten zum Fragebogen (z.B. Anzahl und Wertebereiche der berechneten Ergebnisse);
- Rohdaten aus der Befragung;
- berechnete Ergebnisse;
- sonstige Daten (z.B. Erläuterung, weshalb der Patient eine einzelne Frage nicht beantworten wollte).

Integration. Ein Befragungswerkzeug sollte die PID von außen übernehmen oder selbst erfassen können. Dabei sind Eingaben über Tastatur, über am Bildschirm dargestellte Knöpfe (button) mit oder ohne Touch-Screen, über Kartenleser und die Versichertenkarte sowie über Barcodeleser möglich. Das Befragungswerkzeug sollte es erlauben, die erhobene PID anhand einer externen Datenbank zu verifizieren, zu ergänzen oder abzulehnen. Erhobene Befragungsergebnisse sollten an beliebige Zielsysteme übermittelt werden können, die Verfügbarkeit neuer Daten sollte signalisiert werden können.

Kommunikation. Die Kommunikation erhobener Daten kann innerhalb einer Praxis oder eines Krankenhauses, zwischen Mitgliedern eines Praxisnetzwerks oder Qualitätszirkels, zwischen Mitgliedern einer Studiengruppe und einer zentralen Stelle zur Datensammlung sowie zwischen Mitgliedern einer Studiengruppe, die zu einem wachsenden Datensatz sukzessive Bausteine hinzufügen oder Teilschritte der Verarbeitung ausführen, sinnvoll sein. Manuell oder automatisiert können erfolgen:

- Versand auf Datenträgern;
- Datenfernübertragung (DFÜ) zum zentralen Server (z.B. über das Internet);
- Durchführung der Befragung über das Internet mit zentraler Datenspeicherung.

Offene Standards (z.B. HL7) sind gegenüber proprietären Protokollen zu bevorzugen. Patientendaten müssen außer Haus zuverlässig verschlüsselt oder anonymisiert werden. Eine physische zentrale Datensammlung sollte gegen eine virtuell zentrale Datenhaltung abgewogen werden, bei der Daten nur bei Bedarf, dann aber vollständig automatisiert und transparent übertragen werden.

Dokumentation. Jedes Werkzeug sollte vollständig offen dokumentiert sein. Sofern ein Datenbanksystem verwendet wird, muss sich die Dokumentation auch auf dieses erstrecken und sowohl beschreiben, welche Software unter welchem Betriebssystem zum späteren Zugriff auf die Daten erforderlich ist, als auch wie die angelegten Tabellen zur Datenspeicherung organisiert sind. Tutorials, Videos oder ähnliches Material sollten lokale Anwender beim Erlernen des Umgangs mit dem System unterstützen.

Ausblick. Ausgehend von existierenden Werkzeugen bieten sich Perspektiven für die Medizinische Informatik im QM-Umfeld durch die folgenden Aufgaben:

- Entwicklung anwenderspezifischer Pakete mit indikationsspezifischen Fragebögen und QM-Lösungen durch Systemhäuser;
- Bereitstellung von Werkzeugen zum Outcome Measurement als Serviceleistung zum Medikament durch die pharmazeutische Industrie;
- Bereitstellung elektronischer Fragebögen als Ergänzung zur Papierfassung durch wissenschaftliche Arbeitsgruppen;
- Anerkennung der Patientenbefragung, Datenauswertung und weiterer ärztlicher QM-Aktivitäten als medizinische Dienstleistung durch die Gesundheitspolitik.

13.7. Nicht-technische Voraussetzungen des Qualitätsmanagements

Ob sich QM-Ansätze in der Medizin durchsetzen können, hängt grundsätzlich von einer innovationsfreundlichen Einstellung und der Akzeptanz des QM durch Personal und Patienten, von der Umsetzung gesetzlicher Arbeitszeitregelungen und von weiteren Anforderungen der Gesellschaft an die Medizin ab [Sigl00]. Darüber hinaus müssen in jedem einzelnen QM-Projekt die folgenden Aspekte gesichert sein:

- klare Fragestellung;
- gute Organisation und Kommunikation;
- funktionierende Infrastruktur;
- schrittweise Einführung.

Fragestellung. Zu beantwortende Fragestellungen müssen klar und für alle Beteiligten verständlich definiert sein. Eine beantwortbare Fragestellung beschreibt die betroffenen Patienten, die durchgeführten Interventionen und die zu beobachtenden Ergebnisparameter. Fragestellungen können sich mit der Evaluation der Behandlung eines einzelnen Patienten oder mit der patientenübergreifenden Evaluation von Policies beschäftigen.

Beispiel: Zwei in diesem Sinne klar definierte Fragestellungen wären z. B.: „Verändern sich die beiden Parameter „körperliche Funktion" und „Schmerzen" bei einem bestimmten Patienten unter seiner individuellen Therapie in der angestrebten Weise?" bzw. „Lassen sich aus den Patienten Untergruppen isolieren, die von einer bestimmten Therapie in Bezug auf die Parameter „körperliche Funktion" und „Schmerzen" besonders profitieren, so dass man für diese Untergruppen besondere Vorgehensweisen empfehlen kann?"

Organisation. Gute Organisation, Kommunikation mit allen Beteiligten sowie zeitnahes Feedback sind gerade während der QM-Einführung notwendig. Da Daten meist auf Grund mangelnder Überzeugung und Mitwirkung (compliance) des Personals in Bezug auf die QM-Maßnahmen fehlen [Sigl97], sind wichtige Organisationselemente:

- Benennung erreichbarer und kompetenter Ansprechpartner;
- Beschreibung der Patientenpopulation, Indikationen und Untersuchungsmethoden;
- Aufstellung und Kommunikation eines Zeitplans mit erreichbaren Etappenzielen (milestones);
- frühe Abstimmung aller Elemente mit den beteiligten Mitarbeitern;
- technische und inhaltliche Schulung aller Mitarbeiter (z.B. durch Rollenspiele);
- konsistente Information der Patienten über Zweck und Ablauf der Untersuchung;
- Kontrolle, ob Patienten vollständig in die Untersuchung eingeschlossen wurden:
    o falls ja: Mitarbeiter über Erfassungsraten, Reaktionen von Seiten der Patienten sowie Qualität und Inhalt von Ergebnissen informieren;
    o falls nein: Quelle und Ursache nicht eingeschlossener Patienten identifizieren und mit den Mitarbeitern besprechen.

Infrastruktur. Die Infrastruktur erfordert neben einem durchdachten Design (z.B. überregionale PID für überregionale Datensammlungen, Protokollierung von Transaktionen durch das Kommunikationsprotokoll) auch ausführliche Tests. Für jeden Baustein ist seine Bedeutung für die Funktion des Gesamtsystems zu bewerten und zu entscheiden, wie sein Ausfall verhindert oder kompensiert werden kann (z.B. redundante Auslegung wichtiger Geräte, Bereithalten von Ersatzteilen und Papierkopien elektronischer Fragebögen). Zur Behebung kleinerer technischer Probleme muss kompetentes Personal zeitnah verfügbar sein. Die Dokumentation von QM-Maßnahmen muss deren Fortbestand garantieren. auch wenn die an ihrem Aufbau beteiligten Mitarbeiter zwischenzeitlich die Institution verlassen haben.

Schrittweise Einführung. Ein praktischer Einstieg in das medizinische QM kann mit der Bearbeitung schrittweise komplexer werdender Aufgaben gefunden werden (learning by doing). Im Bereich des Outcome Measurement können z.B. die folgenden Fragestellungen für Outcome-Parameter alleine oder bei entsprechend vorhandener Infrastruktur in fallbezogener Verbindung mit anderen klinischen Daten betrachtet werden:

- Parametervergleich zwischen Aufnahme und Entlassung eines Patienten, innerhalb eigener Patientenpopulationen und zu externen Referenzwerten;
- zeitliche Parameterdarstellung für individuelle Patienten (z.B. in definierten Zeitabständen zum Tod);
- vergleichende Parameterdarstellung von Patientengruppen mit oder ohne Skalierung der Zeitachse, um Referenzpunkte im Verlauf verschiedener Patienten zu überlagern;
- retrospektive Identifikation korrelierter Parameter verschiedener Patienten;
- Identifikation der schwerwiegendsten Probleme eigener Patienten und Diskussion, wie diese durch spezifische Maßnahmen angegangen werden können;
- routinemäßige Definition von Behandlungszielen in jedem Einzelfall:
    o Welches Problem soll bis wann verbessert werden"
    o Wie ist die Zielerreichung wann zu überprüfen?
- Überprüfung der Zielerreichung:
    o In welchem Anteil der Fälle konnten mit der Befragung ein oder mehrere vordringliche Probleme identifiziert werden?
    o Wie oft gelang es, das daraus abgeleitete Behandlungsziel zu erreichen?- Welche Mittel mussten hierzu aufgewendet werden?
    o In welchen Bereichen können Behandlungsziele gut erreicht werden, sind sie verbesserungswürdig bzw. wurden sie gar nicht erreicht?

Aus dem letztgenannten Ergebnis lassen sich direkt weitere Maßnahmen oder die Bestätigung einer adäquaten Arbeitsweise ableiten. Erst nach dem Abarbeiten der o.g. Schritte sollten gut begründete Hypothesen generiert und in prospektiven Untersuchungen getestet werden. Über die lokale Arbeit hinaus sollte eine Kooperation mit auf gleicher Ebene arbeitenden Kollegen genauso wie mit zentralen Stellen (z.B. Tumorzentrum) angestrebt werden.

Resümee. Innerhalb des QM können Methoden der klinischen Ökonomik, des Outcome Measurement und der EBM[14] vereint und integriert praktiziert werden, um schließlich eine Medizin zu ermöglichen, die dem Patienten optimal nützt.

13.8. Sensitivitätsanalyse – Qualitätsmanagement

In jeder Arzt / Patient-Beziehung werden Diagnostik und Therapie individuell ausgewählt; dabei ist die praktische Erfahrung des Mediziners entscheidend. Im letzten Jahrhundert hat sich die Medizin aufgrund des fortschreitenden Wissens und des erhöhten Wohlstands zum Massenmarkt entwickelt; zunehmendes Wissen bring deshalb immer teurere Verfahren hervor. Aufgrund begrenzter Ressourcen muss deshalb eine nach wissenschaftlicher Methode erfassbare Qualität zu kalkulierbaren Preisen erzeugt werden; das bisherige Vorgehen ohne Hinterfragung von Kosten und Nutzen, ohne regelmäßige Konsultation aktueller Wissensquellen und ohne systematische Evaluation muss der Vergangenheit angehören.

Neben finanziellen Gründen besteht auch eine ethische Verpflichtung Hilfsmittel zur Qualitätssicherung einzusetzen; dazu ist ein menschlicher Beitrag notwendig, was wiederum technische und nicht-technische Aspekte des Qualitätsmanagements in der Medizin notwendig macht.

Ziel des medizinischen QM muss sein, die Qualität, Effektivität und Sicherheit der Patientenversorgung zu erhalten und verbessern, sowie Bedürfnisse der Patienten besser zu erfüllen, dazu steht eine Reihe von Methoden zur Verfügung (Klinische Ökonomik, Evidenzbasierte Medizin,...), die monetäre Aspekte (analog zu wirtschaftswissenschaftlichen Ansätzen) aber auch für Patienten spürbaren Nutzen und die Belastungen als Folge medizinischer Maßnahmen messen, bzw. den Gebrauch der besten externen wissenschaftlichen Beweise für Entscheidungen in der Versorgung individueller Patienten messen. Für Messungen der Lebensqualität beispielsweise bedarf es genauester Vorbereitungen, da man gerade in diesem

---

[14] Evidenzbasierte Medizin

subjektiven Bereich ohne klare Fragestellung keine Antworten aus den Ergebnissen bekommen wird.

Effiziente IT-Werkzeuge in diesem Bereich erfordern neben der Informationsbereitstellung auch Features zur Kommunikation und Datenerhebung. Das wiederum setzt im medizinischen Bereich voraus, das Ersteller solcher Systeme nicht nur Wissen in der Informationstechnologie besitzen, sondern auch sehr spezifisches medizinisches Wissen mitbringen und klare Vorstellungen im QM-Bereich haben

Wie erwartet zeigt das Modell (Abbildung 11), dass die Variable „Qualitätsmanagement" in der overall performance den höchsten Wert aufweist; die Aktivsumme ist die höchste des Modells, die Passivsumme ist mit 11 ebenfalls sehr hoch. Aktiv wirkt das QM sehr hoch auf die Variablen „Krankenhausinformationssysteme" (da ein KIS die Informationsbereitstellung und Kommunikation im Krankenhaus bewerkstelligen muss) und die „Integration des Patienten" (aufgrund der Patienteninformierung durch die gewonnene Information aus dem QM). Ebenso wirkt die Variable „QM" hoch auf die Punkte „Wissensbasierte Methoden" (Entscheidungen und Wissen hängen stark mit der Qualität der erhobenen Daten zusammen), „Medizinische Statistik" (die Rechnerunterstützung des QM unterstützt Studien in der Medizin) und „Telematik im Gesundheitswesen" (Verbesserung des Standards der Teleausbildung und Telematik für die medizinische Forschung aufgrund eines effizienten QM). Das QM selbst wird aber ebenfalls von sehr vielen Variablen beeinflusst, so beeinflussen die Variablen „Medizinische Dokumentation" (Begriffsordnungen und Ordnungssysteme bilden Rahmenbedingungen für Modelle und die Datenerhebung des QM), „Institutionen" (aufgrund der gesetzlichen Rahmenbedingungen und den damit verbundenen Erfordernissen an das QM) und „wissensbasierte Methoden" ihrerseits das QM überdurchschnittlich. Aufgrund dieser wichtigen Rolle des QM innerhalb des untersuchten Systems ist in jedem IT-Projekt im Gesundheitsbereich ein besonderer Augenmerk in jeder Projektphase auf diesen Punkt zu legen.

ABBILDUNGS- UND TABELLENVERZEICHNIS

Abbildung 1: „Herausforderungen im Strategischen Management" [Kirs97] 21
Abbildung 2: „Strategische Planung und Strategisches Management" [Anwa02] 22
Abbildung 3: „Softwarelebenszyklus" [Heil00] 23
Abbildung 4: Pattern Recognition [Vest89] 30
Abbildung 5: Sensitivitätsmodell-„Lohneinbuße bei Krankheit" [Rein02] 33
Abbildung 6: Grafische Einflussanalyse [Rein02] 35
Abbildung 7: Komplexität [Rein02] 36
Abbildung 8: Einfache Formulierung unscharfer Zusammenhänge [Rein02] 39
Abbildung 9: Erstellungsprozess eines Sensitivitätsmodells [Rein02] 40
Abbildung 10: Stakeholder bei Projekten im Gesundheitswesen nach Shortliffe [Shor01] 42
Abbildung 11: Sensitivitätsmodell „IT - Projektmanagement im Gesundheitsbereich" (eigene Darstellung) 46
Abbildung 12: Grafische Einflussanalyse (eigene Darstellung) 48
Abbildung 13: „LKF-Modelle" [Pfei01] 56
Abbildung 14: „Datenfluss und Nutzungspotentiale von codierten Daten der klinischen Basisdokumentation" [LeMe02] 69
Abbildung 15: „Prozedurale Wissensrepräsentation" [LeMe02] 81
Abbildung 16: 3-Ebenen-Meta-Modell eines Krankenhausinformationssystems" [LeMe02] 91
Abbildung 17: „Drei Dimensionen für das KIS-Management nach [WiZi98]" 99
Abbildung 18: „Rahmenplanung für das Informationsmanagement im Krankenhaus nach [WiAm02]" 100
Abbildung 19: „Informationsbeziehungen von Patienten bzw. Versicherten" [ElKö93] 110
Abbildung 20: „Funktionale Ausprägungen von Karten im Gesundheitswesen" [Köhl92] 113
Abbildung 21: "Screenshot vom Patienteninformierungssystem medintra" (www.quamdok.de) 118
Abbildung 22: „Bereiche der Telematik im Gesundheitswesen in Relation zum Informationsmodell nach [Gier86]" 122
Abbildung 23: „Gesundheitsmanagementpyramide" [BMG98] 128
Abbildung 24: Modell des prozessorientierten Ansatzes der ISO 9001:2000" [Olle00] 142
Abbildung 25: „Elemente des EFQM-Modells" [Olle00] 143
Abbildung 26: „KIS-Modell" (eigene Darstellung nach [Wilh01]) 147

Tabelle 1:	Aktiv- und Passivsummen [Rein02]	34
Tabelle 2:	Aktiv- und Passivsummen (eigene Darstellung)	47
Tabelle 3:	„Rahmenplanung für das Informationsmanagement im Krankenhaus nach [WiAm02]"	104

LITERATURVERZEICHNIS

[Alle99]

    Allen, A.: Telemedicine – a global perspective. In: *Wootton, R. (Hrsg.):* European Telemedicine 1998/99. Kensington Publications Ltd., London 1999, S. 13-15.

[Anwa02]

    Anwander, Armin: Strategien erfolgreich verwirklichen. Wie aus Strategien echte Wettbewerbsvorteile werden. http://www.4managers.de/01-Themen/HTML-Sites-Innen/strategischesmanagement.asp, Abruf am 2002-03-08

[Aure92]

    Aurel, M.: Wege zu sich selbst. Artemis Verlag, München 1992.

[Bach99]

    Bachner, U.: Qualitätsmanagement im Krankenhaus. Schlüter, Hann 1999.

[Bäum98]

    Bäumler, H.: Medizinische Dokumentation und Datenschutzrecht. In: Medizinrecht 16 (1998) 9, S. 400-405.

[Bemm88]

    Bemmel, van J.H.: Criteria for the acceptance of decision-support systems by clinicians – Lessions from ECG interpretation system. In: 4th Conference on Artificial Intelligence in Medicine Europe. IOS Press, Amsterdam 1988, S. 7-10.

[BeMu97]

    Bemmel, van J.H., Musen, M.A (Hrsg): Handbook of Medical Informatics. Springer Verlag, Heidelberg 1997.

[Berg00]

    Berger, Martin: OP-Organisation. In: *Bundesministerium für soziale Sicherheit und Generationen (Hrsg.):* Kooperationsprojekt „Qualität im Krankenhaus". Wien 2000, S. 10-20.

[Berg99]

    Berg, M.: Patient care information systems and healthcare work – A sociotechnical approach. In: International Journal of Medical Informatics (1999) 55, S. 87-101.

[BMG00]

    Bundesministerium für Gesundheit (Hrsg.): Forum Info 2000. BMG, Bonn 2000.

[BMG98]

    Bundesministerium für Gesundheit (Hrsg.): Telematik-Anwendungen im Gesundheitswesen. Schriftenreihe des BMG 105. Nomos, Baden-Baden 1998.

[Boeh95]

    Boehm; B.W.: A spiral Model of Software Development and Enhancement. In: IEEE Engineering Management Review (1995) 1, S. 69-81.

[Brau02]

    Brauner, Dr. Heinrich: Kostengeschwür im Gesundheitssystem. In: Wirtschaftsmagazin (2002) 10 Oktober, S. 2-3.

[BrBe01]

    Briggs, John; Peat David.: Die Entdeckung des Chaos – Eine Reise durch die Chaos Theorie. Deutscher Taschenbuch Verlag, München 2001.

[Bren01]

    Brenner, G.: Deutsche Krankenversichertenkarte. Technischer Report zum Vortrag auf der „Abgleichstagung – Eine Gesundheitskarte für die Schweiz?" am 30.8.2001 in Bern. Zentralinstitut für die kassenärztliche Versorgung in der BRD, Köln 2001.

[BrMi89]

    Brody, D.S.; Miller, S.M.; et al.: Patient percepstion of involvement in medical care – Relationship to illness attitudes and outcomes. In: Journal of General Internal Medicine (1989) 4, S. 506-511.

[BrRi98]

    Brigl, B.; Ringleb, P.: An integrated approach for a knowledge-based clinical workstation – Architecture and experience. In: Methods of Information in Medicine (1998) 371, S. 16-25.

[BrSc95]

    Brenner, G.; Schaefer, O.P.: Patientenkarten verbessern die Kommunikation. In: Card Forum (1995) 10, S. 33-36.

[Burg99]

    Burghardt, M.: Einführung in Projektmanagement. 2. Auflage, Siemens AG, München 1999.

[Buss98]

    Busse, T.: OP-Management, Schriftenreihe zum Managementhandbuch Krankenhaus. Heidelberg 1998.

[ByNa88]

    Byrne, D.J.; Napier, A.: How informed is signed consent? In: British Medical Journal (1988) 196, S. 839-840.

[CiEl92]

    Cimino, J.J.; Elkin, P.L.; et al: As we may think – The concept space and medical hypertext. In: Computers and Biomedical Research (1992) 50, S. 238-263.

[Clan95]

    Clancey, W.J.: The learning process in the epistemology of medical information. In: Methods of Information in Medicine (1995) 34, S. 122-130.

[ClLe84]

Clancey, W.J.; Letsinger, R.: NEOMYCIN – Reconfiguring a rulebased expert system for application to teaching. In: *Clancey, W.J.; Shortliffe, E. (Hrsg.):* Readings in medical artificial intelligence – The first decade. Addision-Weasley, Reading 1984, S. 829-836.

[Comm98]

Commonwealth Fund: Highlights of the 1998 Multinational Comparisons of Health Care. London 1998.

[Conk87]

Conklin, J.: Hypertext – An introduction and survey. In: IEEE Computer 20 (1987) 9, S. 17-41.

[DaHu99]

Daly, Rita; Hudson, Kelly: Reform brings Health Profits – Restructuring Opens Doors 2-tier System. In: Toronto Star, 29.März 1999.

[DFN96]

Deutsches Forschungsnetz (Hrsg.): Koexistenz von Verwaltung und Wissenschaft in hochschulweiten Backbone-Netzen unter besonderer Berücksichtung des Datenschutzes und der Verfahrens- und Datensicherheit. DFN-Bericht (1996) 80.

[Dink69]

Dinkelbach,W.: Sensitivitätsanalysen und parametrische Programmierung. Springer Verlag, Berlin 1969, S.25ff.

[Dona85]

Donabedian, A.: Explorations in quality assessment an monitoring… Health Administration Press, Ann Arbor 1982-1985.

[Dörn89]

Dörner, D.: Die Logik des Mißlingens. Rowohlt Taschenbuch Verlag, Reinbek bei Hamburg 1989.

[Doyl83]

Doyle, J.: What is rational psychology? Towards a modern mental philosophy. In: Artificial Intelligence Magazine 4 (1983). 3.

[EHTE01]

European Health Telematics Association (Hrsg.): Internet-Portal: http://www.ehtel.org , Abruf am 2001-12-17.

[EHTO01]

EHTO Enterprice, SA (Hrsg.): European Health Telematics Observatory (EHTO). Internet-Portal: http://www.ehto.org , Abruf am 2001-12-17.

[Eigi88]

Eiginger, Gabriele: Die lineare Programmierung unter der Option der Snesitivitätsanalyse. Diplomarbeit an der Universität Innsbruck, Dezember 1988.

[ElKö93]

    Ellsässer, K.H.; Köhler, C.O.: Shared Care – Konzept einer verteilten Pflege – kurz- und langfristige Perspektiven in Europa. In: Informatik, Biometrie und Epidemiologie in Medizin und Biologie 24 (1993) 4, S. 188-198.

[Fell01]

    Fellin, A.: Telematikplattform für medizinische Forschungsnetze der Gesundheitsforschung des BMBF-TMF. In: Forum der Medizin – Dokumentation und Medizin – Informatik 1(1999) 4, Internet-Portal: http://www.german-health-research-net.de , Abruf am 2001-12-19.

[Flow94]

    Flower, J.: The other revolution in health care. In: Wired Magazine (1994) 1. Online-Magazin, http://www.wired.com/wired/archive/2.01/healthcare.html , 1994, Abruf am 2002-08-28

[FrSt93]

    From, S.; Stenvold, L.A.: Telemedine services integrated into a health care network – Analysis of communication needs in a regional health care system. In: Teletronik 89 (1993) 1, S.12-22.

[Gier86]

    Giere, W.: BAIK – Befunddokumentation und Arztbriefschreibung im Krankenhaus. Media Verlag, Taunusstein 1986.

[Glei90]

    Gleick, J.: Chaos und Ordnung des Universums. Knaur, München 1990.

[Good00]

    Goodlee, F.: Clinical Evidence. Hans Huber Verlag, Bern 2000.

[Grau00]

    Graubner, B.: Aktuelle Diagnosen- und Prozedurenklassifikationen, In: Zentralblatt Gynäkologie (2000) 122, S. 611-624.

[GrBa00]

    Grässle, Patrick; Baumann Henriette; et al.: UML projektorientiert. Geschäftsprozessmodellierung, IT-System-Spezifikation und Systemintegration mit der UML. 1. Auflage, Galileo Computing, Bonn 2000.

[Greu00]

    Greulich, A.: Disease Management, Patient und Prozess im Mittelpunkt. Decker's & Hüthig, Heidelberg 2000.

[GrKa85]

    Greenfield, S.; Kaplan, S.: Expanding patient involvement in care – Effects on patient outcomes. In: Annals of Internal Medicine (1985) 102, S. 520-528.

[Gros98]

Grossmann, R.: Die Qualität der Arbeit sichern und die Organisation entwickeln – Optimierung zentraler Leistungsprozesse im Krankenhaus am Beispiel eines „OP – Betriebs". In: *Dalheimer, V.; Krainz, E.E.; et al. (Hrsg.):* Change Management auf Biegen und Brechen. Gabler, Wiebaden 1998, S. 161-184.

[GrPr95]

Grossmann, R.; Prammer, K.: Die Reorganisation eines OP - Betriebs. In: Zur Optimierung zentraler Leistungsprozesse im Krankenhaus. Wien 1995.

[Guer96]

Guerlain, S.: Interactive critiquing as a form of decision support – An empirical evaluation. In: Gognitive Systems Engineering Laboratory Technical Report. Ohio State University 1996.

[Haes01]

Haeske-Seeberg, H.: Handbuch Qualitätsmanagement im Krankenhaus-Strategien, Analysen, Konzepte. Kohlhammer, Stuttgart 2001.

[HaGr96]

Haux, Reinhold; Grothe, W.; et al: Knowledge retrieval as one type of knowledge-based decision support in medicine – Results of an evaluation study. In: International Journal of Bio-Medical Computing (1996) 41, S. 69-85.

[HaLa98]

Haux, Reinhold; Lagemann, A.; et al.: Management von Informationssystemen – Analyse, Bewertung, Auswahl, Bereitstellung und Einführung von Informationssystemkomponenten am Beispiel von Krankenhausinformationssystemen. Teubner, Stuttgart 1998.

[HaLe02]

Haux, Reinhold; Lechleitner, Georg; et al.: TILAK IT-Strategie 2003-2007. Innsbruck 2002.

[HaPa00]

Hajen, L.; Paetow, H.: Gesundheitsökonomie - Strukturen, Methoden, Praxisbeispiele. Kohlhammer Verlag, Stuttgart 2000.

[HaRö01]

Hagenhoff, S.; Röder, S.: Virtuelle Aus- und Weiterbildung. In: Wirtschaftsinformatik 43 (2001) 1, S.97ff.

[Heil00]

Heilmann, Heidi: Erfolgfaktoren des IT-Projektmanagements. In: *Etzel, Hans-Joachim; Richter, Reinhard (Hrsg.):* IT-Projektmanagement-Fallstricke und Erfolgsfaktoren. Dpunkt Verlag, Heidelberg 2000.

[Hein96]

>Heinrich, Dr. Lutz J.: Systemplanung, Planung und Realisierung von Informatik - Projekten. Band 1 und 2, 7. korrigierte Auflage, R. Oldenburg Verlag, München Wien 1996.

[HeMe03]

>Hell, Leonhard; Messner Markus: Controllingdaten der TILAK für das Jahr 2001. Innsbruck 2003.

[Herg98]

>Hergert, D.: Wie informieren sich Patienten? Eine Patientenbefragung. Diplomarbeit, Universität Heidelberg 1998.

[Heym72]

>Heym, S.: Der König David Bericht. Kindler, München 1972.

[HrCl96]

>Hripcsak, G.; Clayton, P.D. et al: Design of a clinical event monitor. In: Computers and Biomedical Research (1996) 29, S. 194-221.

[Hump97]

>Humphreys, B.: Evaluating the coverage of controlled health data terminologies ..., In: Journal of the American Medical Informatics Association 4 (1997) 6, S. 484-500.

[Iako00]

>Iakovidis, I.: Towards a health telematics infrastructure in the EU. In: Balas, E.A.; Boren, S.A. (Hrsg.): Information technology strategies from the US and the European Union – Transfering research to practice for health care improvement. IOS Press, Amsterdam 2000, S.23-33.

[InGi98]

>Ingererf, W.; Giere, W.: Concept oriented standardization and statistics oriented classifiaction...., In: Methods of Information in Medicine (1998) 37, S. 527-539.

[JoLa94]

>Johnson, M.; Langton, K.B.; et al: Effect of computer-based clinical decision support systems ... In: Annals of Internal Medicine (1994) 120, S. 135-142.

[Keon00]

>Keon, Wilbert J.: Die wichtigsten E-Business Kanäle im Gesundheitswesen. In: [StHa00]

[KiDe91]

>Kindler, H.; Densow, D.: RADES – Medical assistance system for the management of irradiated persons. In: Karagiannis, D. (Hrsg.): Database and Expert Systems Applications. Springer Verlag, Berlin 1991, S. 135-142.

[Kirs97]

    Kirsch, Prof. Dr. Dres. h.c. Werner: Strategisches Management. http://www.4 managers.de/01-Themen/HTML-Sites-Innen/strategischesmanagement.asp 1997, Abruf am 2002-03-08.

[KlGr97]

    Klar, R.; Graubner B.: Medizinische Dokumentation. In: *Seelos, H.G. (Hrsg.):* Medizinische Informatik, Biometrie und Epidemiologie, de Gruyter Verlag, Berlin 1997.

[Klim96]

    Klimek, L.: Long-term experience with different types of localization systems in skullbase surgery. In: *Taylor R.H., Lavallée S. et al:* Computer-integrated surgery – Technology and clinical applications. MIT-Press, Cambridge 1996, S.635-638.

[Köck02]

    Köck, Univ.-Prof. Christian: Kostengeschwür im Gesundheitssystem. Wirtschaftsmagazin (2002) 10 Oktober, S.2-3.

[KöEl83]

    Köhler, C.O.; Ellsässer, K.H. (Hrsg.): Medizinische Dokumentation und Information – Handbuch für Klinik und Praxis; ecomed, Landsberg/Lech 1983.

[Köhl92]

    Köhler, C.O.: Perspektiven der Chipkarte im Gesundheitswesen Europas. In: Praxis Medizinscher Dokumentation (1992) 12 Sonderheft, S.25-28.

[Köhl94]

    Köhler, C.O.: Chancen und Risiken des Einsatzes von Patientenkarte, Multicard94 – Kongressdokumentation. inTime, Berlin 1994, S. 321-331.

[Köhl95]

    Köhler, C.O.: Die Karte des mündigen Patienten. In: Card Forum (1995) 7, S. 38-41.

[Koll75]

    Koller, S.: Handbuch der medizinischen Dokumentation und Datenverarbeitung. Schattauer, Stuttgart 1975.

[KöMe02]

    Köhler, Claus O.; Meyer zu Bexten, Erdmuthe; Lehmann, Thomas M.: Medizinische Informatik. In: *Lehmann; Meyer zu Bexten (Hrsg.):* Handbuch der medizinischen Informatik, Carl Hanser Verlag, München 2002, S. 2-16.

[Krüg00]

    Krüger, Prof. Dr. Walter: Grundlagen des Strategischen Managements. Justus Liebig Universität Gießen. http://www.uni-giessen.de/ofp, 2000, Abruf am 2002-05-20.

[Kümm99]

    Kümmel, W.F.: Kursus der medizinischen Terminologie, 7. Auflage, Schattauer Verlag, Stuttgart 1999.

[KuWe82]

Kuliokowski, A.C.; Weiss, S.M.: Representation of expert knowledge for consultation – The casnet and expert Project. In: *Szolowitz, P. (Hrsg.):* Artificial Intelligence in Medicine. Westwie Press, Boulder 1982, S. 21-57.

[LaLa00]

Lacroix, A.; Lareng, L.; et al.: International concerted action on collaboration in telemedicine; Final report and recommendations of the G-8 Global Healthcare Applications Project-4. Université de Montréal, Québec 2000.

[LaLi99]

Lauterbach, K.; Lindlar, M.: Informationstechnologien im Gesundheitswesen – Telemedizin in Deutschland. Gutachten, Friedrich-Ebert-Stiftung, Bonn 1999.

[LeGa99]

Leiner, F; Gaus, W.; et al: Medizinische Dokumentation – Lehrbuch und Leitfaden für die Praxis. Schattauer, Stuttgart 1993.

[LeMe02]

Lehmann; Meyer zu Bexten (Hrsg.): Handbuch der medizinischen Informatik, Carl Hanser Verlag, München 2002.

[Madd00]

Maddauss, Bernd: Handbuch Projektmanagement. 6. Auflage, Stuttgart 2000.

[Mess95]

Messina, C.: Was ist Multimedia? Hanser Verlag, München 1993.

[Mead72]

Meadows, D.L.: Die Grenzen des Wachstums. Deutsche Verlagsanstalt GmbH., Stuttgart 1972.

[MiMa89]

Miller, R.A.; Masarie, F.E.: Use of the quick medical reference QMR program as a tool for medical information. In: Methods of Information in Medicine (1989) 28, S. 340-345.

[MiPo82]

Miller, R.A.; Pople, H.E.; et al: INTERNIST-1 – An experimental computer-based diagnostic consultant for general internal medicine. In: New England Journal of Medicine (1982) 307, S. 468-476.

[Möhr95]

Möhr, J.R.: Comprehensive health records based on advanced card technology and networked computers – Are the feasible? In: *Köhler, C.O.; Rienhoff, O. (Hrsg.):* Health Cards '95. IOS Press, Amsterdam 1995, S.158-161.

[NeSi72]

Newell, S.; Simon, H.A.: Human Problem Solving. Englewood Cliffs; In: [Pupp91]

[Oest98]

    Oesterreich, B.: Objektorientierte Softwareentwicklung-Analyse und Design mit der Unified Modeling Language. Oldenburg, München 1998.

[Olle00]

    Ollenschläger, G.: Gedanken zur Zertifizierung in der ambulanten Versorgung – dargestellt am Beispiel der DIN EN ISO-Zertifizierung. In: Zeitschrift für ärztliche Fortbildung und Qualitätssicherung (2000) 94, S.123-129.

[Ossm00]

    Ossmitz, G.: The development od systems thinking skills using system dynamics modeling tools. http://www.uni-klu.ac.at/users/gossmit/sdyn/gdm_eng.htm, 2000, Abruf am 2003-05-05.

[PaGo76]

    Pauker, S.G.; Gorry, G.A.; et al: Towards the simulation of clinical cognition – Taking a present illness by computer. In: American Journal of Medicine (1976) 60, S. 981-996.

[PaSc96]

    Pabst, M.K.; Scherubel, J.C. et al: The impact of computerized documentation on nurses' use of time. in: Compuers in Nursing (1996) 15, S. 25-30.

[Pfei01]

    Pfeiffer, Karl Peter: Fünf Jahre Erfahrung mit der Leistungsorientierten Krankenanstaltenfinanzierung (LKF) in Österreich. 2001

[PiSe96]

    Pietsch-Breitfeld, B.; Sens, B. et al: Begriffe und Konzepte des Qualitätsmanagements. In: Berichte der GMDS-Arbeitsgruppe...27 (1996) 4, S. 200-230.

[Porz96]

    Porzsolt, F.: Messung von Lebensqualität – Wie und wozu Sie das Wohlbefinden Ihrer Patienten quantifizieren sollten. In: Der Allgemeinarzt (1996) 18, S. 610-624.

[PrGo91]

    Probst, G.J.B.; Gomez, P. (Hrsg.): Vernetztes Denken. 2. erweiterte Auflage, Gabler Verlag, Wiesbaden 1991.

[Prok01]

    Broksch, H.U.: E-Health – Ein Plädoyer gegen die babylonische Begriffsverwirrung in der Medizinischen Informatik. in: Informatik, Biometrie und Epidemiologie in Medizin und Biologie 33 (2001) 4, S. 385-394.

[Pupp91]

    Puppe, F.: Einführung in Expertensysteme. Springer Verlag, Heidelberg 1991.

[RBP97]

    Roland Berger & Partner (Hrsg.): Telematik im Gesundheitswesen – Perspektiven der Telemedizin in Deutschland. Roland Berger & Partner, München 1997.

[ReDa00]

    Reichert, M.; Dadam, P.: Computer support of workflow in the hospital – Concepts, technology and application; In: Gynakology 122 (2000) 1, S. 53-67.

[Reic70]

    Reichertz, P.L.: Requirements for configuration and management of an integral medical computer center. In: Methods of Information in Medicine (1970) 9, S. 182-187.

[Reic73]

    Reichertz, P.L.: Medizinische Informatik – Aufgaben, Wege und Bedeutung. In: IBM Nachrichten (1973) 23, S. 567-576.

[Rein02]

    Reindl, Erich: Strategisches Technologiemanagement: Vernetztes Denken. http://www.ps.uni-sb.de/~reindel/ , 2002, Abruf am 2003-03-04.

[RePo02]

    Rechenberg, P.; Pomberger, G. (Hrsg.): Informatik-Handbuch. 3. Auflage, Hanser Verlag, München 2002.

[Reus97]

    Reusch, D.: Modernes OP - Management. Beitrag zum Symposium: Der Patient im Mittelpunkt, Salzburg 1997.

[RiBü95]

    Rienhoff, O.; Büttner, H.G.; et al.: Working group health professional cards. In: *Köhler, C.O.; Rienhoff, O.:* Health Cards '95. IOS Press, Amsterdam 1995, S. 91-92.

[Roch87]

    Roche-Lexikon: Medizin. Urban & Schwarzenberg, München 1987.

[Roge82]

    Roger, F.H.: The minimum basic data set for hospital statistics in the EEC. In: *Lambert, P.M.; Roger, F.H. (Hrsg.):* Hospital statistics in Europe. North Holland Verlag, Amsterdam 1982.

[Salf01]

    Salfeld, R.: Informationstechnologie – Einsatz im Gesundheitswesen; In: *Salfeld R., Wettke J. (Hrsg.):* Die Zukunft des deutschen Gesundheitswesens – Perspektiven und Konzepte. Springer Verlag, Berlin 2001.

[SaRi97]

    Sackett, D.L.; Richardson, W.S.: Evidence-based medicine – How to practice and teach EBM. Churchill Livingstone, New York 1997.

[SaRo96]

    Sackett, D.L.; Rosenberg, W.: Evidence-based medicine – What it is and what it isn't. In: British Medical Journal (1996) 312, S.71-72.

[Sche95]

    Schell, W.: Das deutsche Gesundheitswesen von A-Z, Thiem Verlag, Stuttgart 1995.

[Schn96]

    Schnabel, M.: Expertensysteme in der Medizin. Fischer Verlag; Stuttgart 1996.

[Schr00]

    Schrader, U.: Pflegedokumentation und Informationssysteme. In: *Rennen-Althoff, B.; Schaeffer, D. (Hrsg.):* Handbuch Pflegewissenschaft. Juventa Verlag, Weinheim 2000, S. 725-744.

[ScOh98]

    Schmücker, P.; Ohr, C. et al: Die elektronische Patientenakte – Ziele, Strukturen...; In: Informatik, Biometrie und Epidemiologie in Medizin und Biologie 29 (1998) 3-4, S. 221-241.

[Seel97]

    Seelos, H.J.: Paradigma der Medizinischen Informatik. In: *Seelos H.J. (Hrsg.):* Medizinische Informatik, Biometrie und Epidemiologie, de Gruyter Verlag, Berlin 1997, S. 5-11.

[Shor76]

    Shortliffe, E.H.: Computer-based medical consultations – MYCIN. Elsevier, Amsterdam 1976.

[Shor01]

    Shortliffe, E.H.: Medical Informatics – Computer applications in health care. Addision –Wesley, Reading 2001.

[Siet99]

    Sietmann, R.: Zirkelspiele – die wissenschaftliche Literaturversorgung steckt weltweit in der Krise. In: c't (1999) 20, Heise Verlag, S.216-231.

[Sigl00]

    Sigle, J.: Elektronisch unterstütztes Outcome-Measurement. Begleitmaterial zum Vortrag auf der EuroForum Konferenz Electronic Health. Düsseldorf (20.10.2000), http://www.ql-recorder.com/document/general/eomd , Abruf am 2002-09-11

[Sigl97]

    Sigle, J.: Praktische Aspekte der Lebensqualität-Messung – Routinemäßige Messung der Lebensqualität bei Ambulanzpatienten ... Dissertation, Universität Ulm 1997.

[Slji97]

    Sljivljak, N.: CAPS (Computer Aided Patient Support) – Konzeptionierung. Diplomarbeit, Universität Heidelberg 1997.

[SpCu93]

    Sprangers, M.; Cull, A.; et al.: The European Organization for Research and Treatment of Cancer approach to qualitsy of life assessment – Guidelines ... Quality of Life Research (1993) 2, S.287-295.

[SpSp02]

> *Spreckelsen, Cord; Spitzer, Klaus:* Entscheidungsunterstützung und Wissensbasen in der Medizin. in: *Lehmann; Meyer zu Bexten (Hrsg.):* Handbuch der medizinischen Informatik, S. 106-167, Carl Hanser Verlag, München 2002.

[StDa02]

> *Stock, Stefanie; David, Dagmar, et al:* Healthmanagement; in: *Lehmann; Meyer zu Bexten (Hrsg.):* Handbuch der medizinischen Informatik, S. 25-44, Carl Hanser Verlag München, 2002

[Stee85]

> *Steels, L.:* Second generation expert systems. In: Future Generation Computer Systems 2 (1985) 2, S.129-221.

[StHa00]

> *Stange, Christoph W.; Haase, Manfred; et al.*: Industriestudie – Konturen: Gesundheit 2010 – Die Zukunft des Gesundheitswesens. Fachverlag Moderne Wirtschaft, Frankfurt am Main 2000.

[Stru94a]

> *Struif, B.:* Chipkarten-Anwendungs-Adressierung nach ISO-Standard 7815/5. In: *Bruif, B. (Hrsg.):* GMD SmartCard Worshop. GMD, Darmstadt 1994.

[Stru94b]

> *Struif, B.:* Das SmartCard Anwendungspaket STARCOS. GMD-Spiegel (1994) 1, S.28-34.

[Swar83]

> *Swartout, W.R.:* A system for creating and explaining expert consulting systems. Artificial Intelligence 21 (1983) 3, S. 285-325.

[UlPr88]

> *Ulrich, H.; Probst, G.J.B.:* Anleitung zum ganzheitlichen Denken und Handeln. Paul Haupt Verlag, Bern 1988.

[Tram95]

> *Trampisch, H.J. (Hrsg.):* Praxis-, Studien- und Forschungsführer Medizinische Informatik. In: Informatik Spektrum 19 (1996) 5, S. 249-256.

[Trie95]

> *Triendl, Monika:* Sensitivitätsanalyse in der Haushalts- und Produktionstheorie. Diplomarbeit an der Universität Innsbruck, Februar 1990.

[Vest80]

> *Vester, F.; Hesler, A.:* Sensitivitätsmodell. Regionale Planungsgemeinschaft Untermain, Frankfurt 1980.

[Vest89]

> *Vester, F.:* Leitmotiv vernetztes Denken. Heyne Verlag, München 1989.

[Vest91]

    Vester, F.: Unsere Welt ist ein vernetztes System. Deutscher Taschenbuchverlag, München 1991.

[Vest99]

    Vester, F.: Die Kunst vernetzt zu denken. Deutsche Verlagsanstalt GmbH., Stuttgart 1999.

[WaIm68]

    Wagner, G.; Immich, H.: Der Krankenblattkopf der Heidelberger Kliniken. In: Methods of Information in Medicine (1968) 7, S.17-25.

[Weid02]

    Weidnitzer, T.: Kostengeschwür im Gesundheitswesen. Wirtschaftsmagazin (2002) 10 Oktober, S.3.

[WHO92]

    World Health Organization (Hrsg.): International statistical classification of diseases and related health problems – 10. Revision (ICD10). Genf 1992-1994.

[WHO98]

    World Health Organization (Hrsg.): A health telematics policy. Report of the WHO Group Consultation on Health Telematics, Genf 11.-16. Dezember 1997.

[WiAm02]

    Winter, A.F.; Ammenwerth, E., et al: Strategic information management plan – The basis for systematic information management in hospitals. In: International journal of Medical Informatics 64 (2002) 2-3, S.99-109.

[Wilh01]

    Wilhelm, H.J.: Qualitätsmanagement im Gesundheits- und Sozialwesen. Forum Verlag, Augsburg 2001.

[WiZi98]

    Winter, A.f.; Zimmerling, R.; et al.: Das Management von Krankenhausinformationssystemen – Eine Begriffsdefinition. In: Informatik, Biometrie und Epidemiologie in Medizin und Biologie 29 (1998) 2, S. 249-256.

[Woot99a]

    Wootton, R.: Telemedicine – An introduction. In: *Wooton, R. (Hrsg.):* European Telemedicine 1998/99. Kensington Publications Ltd., London 1999, S. 10-12.

[Woot99b]

    Wootton, R.: Research. In: *Wootton, R. (Hrsg.):* European Telemedicine 1998/99. Kensington Publications Ltd., London 1999, S. 15-16.

[WoRo88]

    Woods, D.D.; Roth E.M.: Cognitiver systems engineering. In: *Helander, M. (Hrsg.):* Handbook of Human – Computer interaction. Elsevier, Amsterdam 1988, S. 3-43.

[WüEi97]

> *Wübbelt, P.; Eikemeier, C.; et al.:* Einsatz von Internet-Diensten und -Werkzeugen zur Unterstützung der Dateneingabe und des Monitoring multizentrischer klinischer Studien. In: *Muche, R.; Bächele, G.; et al. (Hrsg.):* Medizinische Informatik, Biometrie und Epidemiologie. MMV Medizin, München 1997, S.283-387.

[WySp91]

> *Wyatt, J.; Spiegelhalter, D.:* Field trials of medical decision aids – Potential problems... in: 15th Annual Conference on Computer Applications in Medical Care (1991), Washington, S. 3-7

[ZaGr02]

> *Zaiß, Albrecht; Graubner, Bernd; et al:* Medizinische Dokumentation, Terminologie und Linguistik. In: *Lehmann; Meyer zu Bexten (Hrsg.):* Handbuch der medizinischen Informatik, Carl Hanser Verlag, München 2002, S. 2-16.

[Zaiß97]

> *Zaiß, Albrecht:* Leitfaden zur medizinischen Basisdokumentation. Deutsche Krankenhaus Verlagsgesellschaft, Düsseldorf 1997.

[Zako01]

> *Zakon. R.H.:* Hobbes' internet timeline version 5.4 http://www.zakon.org/robert/internet/timeline , Abruf am 2001-12-19.